Stefan Wiertz

Orientalische Küche

Bassermann

Inhalt

Gewürze und Basics

Dem Geschmack von 1001 Nacht auf der Spur: Kommen Sie mit auf meine Reise durch die Souks – die arabischen Märkte von Marokko – und tauchen Sie mit ein in die Geheimnisse der orientalischen Küche. Schade für Sie als Leser, dass es noch kein Geruchsbuch gibt!

Kleine Gewürz- und Zutatenreise

Im Folgenden erfahren Sie etwas über die verwendeten Zutaten und Gewürze, die den Gerichten im Buch ihr besonderes Aroma verleihen. Mittlerweile erhält man sie leicht auch in hiesigen Läden.

Anissamen

Die nach Lakritz schmeckenden hellen Samen werden häufig als Brot- und Backwarengewürz genutzt. Aber auch Süßspeisen oder diversen Anislikören verleihen sie ihren spezifischen Geschmack.

Granatapfel

Gerne gibt man die Kerne des Granatapfels über Obstsalate oder presst die Granatäpfel aus und erhält einen aromatischen, sehr Vitamin-C-haltigen Saft. Diesen kann man auch als Färbemittel für Süßspeisen verwenden.

Harissa

Dieser scharfen Grundpaste begegnet man auf Schritt und Tritt im kulinarischen Marokko. Die Grundzutaten von Harissa sind Chilis, Kreuzkümmel, Knoblauch, Koriandersamen, Salz und Olivenöl. Eine ganz besondere Mischung dieser Basispaste stellt man natürlich mit Arganöl her. Sie können aber auch Rapsöl verwenden. (Basisrezept siehe Seite 19.)

Gereicht wird Harissa zu Brot, sie dient als Grundgewürz zur Herstellung von Schmorgerichten und verleiht Saucen ein markantes Aroma.

Eingelegte Zitronen

Die in Salz eingelegten Zitronen finden als Aromageber in diversen Gerichten ihre Verwendung. Feine Stifte der Schale gibt man z.B. in Fischsaucen oder Salatdressings. Sie passen vor allem zu Schmorgerichten und zu Kurzgebratenem. (Basisrezept siehe Seite 16.)

Honig

Natürlich verwendet man in Marokko sehr gerne den heimischen dickflüssigen Honig des Landes. Diverse aromatische Sorten stehen für die Zubereitung von süßen, aber auch herzhaften Speisen zur

Verfügung. Eine besondere Sorte ist beispielsweise Jujuba-Honig, ein karamellartiger, sehr süßer Honig, gewonnen aus den Blüten der Ziziphus-jujuba-Pflanze. Diese Rarität kostet selbst im Heimatland 30 bis 40 Euro pro Kilogramm. Besonders ist auch Minzhonig, eine Honigmischung für Getränke und Süßwaren.

überall in den Straßen von Marrakesch findet man üppig dekorierte Gewürzläden und Stände: Hier duftet es nach Vanille, Zimt und Weihrauch.

getrockneter Minze: Frische Minze wird genauso wie glatte Petersilie gern und häufig verwendet.

Minze

Ob getrocknet oder frisch, ohne Minze geht in der marokkanischen Küche rein gar nichts. Angefangen vom täglichen frisch aufgebrühten Minztee bis zum traditionell aromatisierten Ziegenkäse mit

Ingwer

In der traditionellen Küche Marokkos spielt nur der getrocknete Ingwer eine Rolle. Ich bevorzuge jedoch den fein gewürfelten frischen Ingwer, der Gerichten ein entsprechendes Aroma verleiht.

Koriander

Koriander ist der Grundgeschmack der traditionellen marokkanischen Küche. Die fein gemahlenen Koriandersamen werden hier in der Hauptsache verwendet, verfeinern Fleisch- und Gemüsegerichte. Versuchen Sie es jedoch auch einmal mit frischem Koriandergrün.

Kreuzkümmel

Kreuzkümmel umspielt den Gaumen mit seinem warm-süßlichen Aroma. Gemischt mit Salz wird der Kreuzkümmel gerne zum Nachwürzen gereicht.

Paprikapulver

Verwendet wird am häufigsten mildes bis edelsüßes Paprikapulver, welches in der Regel aus Spanien stammt.

Ras el Hanout

In der wörtlichen Übersetzung bedeutet Ras el Hanout „der Kopf des Ladens". Dies bezieht sich auf den Inhaber des Gewürzladens, da nur er die genauen Zutaten und deren Mischungsverhältnis kennt. Es handelt sich dabei um eine umfangreiche Gewürzmischung mit bis zu 25 Grundzutaten, allen voran Muskatnuss und Macis (Muskatblüte). Daneben finden sich häufig Sternanis, Ingwer, Chili, Nelken und Koriander in Ras el Hanout. Es eignet sich besonders zum Würzen von Couscous und Fleischgerichten.

Alle Gewürze auf diesem Teller finden in einem typischen marokkanischen Mahl ihre Verwendung. Der Duft und die Farbe des Safrans schmeicheln Geflügel. Zimt und Kardamom umspielen Couscous. Somit trägt man die Eindrücke jedes Einkaufs mit bis auf den Teller.

Thymian

Der frische gezupfte Thymian bildet eine aromatische Basis in traditionellen Fleischgerichten. Getrockneter Thymian verleiht Butterschmalz (Basisrezept siehe Seite 20) eine feine Note.

Oregano

Wird in getrockneter Form gerne sanft garendem Fleisch zusammen mit Thymian zugegeben.

Zimt

Die Rinde des Zimtbaumes wird sowohl gerne als Stange wie auch gemahlen verwendet. Je feiner die Wände der Zimtstange, umso feiner deren Aroma.

Rosenwasser/Orangenwasser

Das ursprünglich aus Persien stammende Rosendestillat findet in der marokkanischen Küche zur Verfeinerung von diversen Speisen Verwendung. Auch Orangenwasser spielt bei der Zubereitung traditioneller Süßspeisen eine große Rolle. Am häufigsten begegnet man den Destillaten jedoch in Getränken. Auch Panna cotta oder Parfait kann man mit Orangenwasser aromatisieren.

Safran

Die feinen Samenfäden einer Krokusart werden weltweit als eines der teuersten Gewürze gehandelt. In der marokkanischen Küche wird hauptsächlich der gemahlene Safran verwendet. Durch sein intensives Aroma und seine Farbgebung verleiht der Safran schon in kleinsten Mengen jedem Gericht eine wunderbare Note.

Salz

Gerne greift man auf das Salz des eigenen Landes zurück, da dieses meist grobe Meersalz von bester Qualität unschlagbar ist. Aus bis zu 80 verschiedenen Spurenelementen und Mineralien kann naturbelassenes Meersalz bestehen, das macht es so geschmackvoll.

Oliven und Trockenfrüchte

Ob mit Salz getrocknet oder in Öl und Essig mariniert – Oliven findet man auf jedem Markt. Die kleinen aromatischen Sorten verwende ich gerne in Salaten oder zu Schmorgerichten. Ganz hervorragend schmecken sie mariniert: mit viel frischem Zitronensaft und Knoblauch. Getrockneten Früchten begegnet man in der traditionellen marokkanischen Küche auf Schritt und Tritt. Sie dienen in der Tajine als Aromageber wie in der europäischen Küche das Wurzelgemüse. Ich liebe zu Fleisch besonders die süße Note von getrockneten Aprikosen mit einer feinen Zimtnote und reichlich Koriandergrün.

Amlou

Auf meiner Marokkoreise verschmolz für mich das Exotische mit dem Alltäglichen. Ich habe versucht, die Schönheit und die Eindrücke mit der Einfachheit meines eigenen Kochstils zu verknüpfen und die Rezepte für Sie umsetzbar zu machen. Sehr subtil spiele ich hierbei mit den verschiedenen Geschmacksrichtungen und verknüpfe Saures mit Salzigem sowie Kräuter mit Mariniertem. Hier ein Spritzer Zitronensaft, da eine Spur Minze oder der Geschmack der Olive und das Aroma des Olivenöls.

In der Ruhe und Abgeschiedenheit der Berg-Kooperativen im Hohen Atlas spürt man das Glück der Menschen, die durch ihrer Hände Arbeit einen der letzten Schätze der Natur be- und verarbeiten. Und sie verstehen es aufs Trefflichste, dem Gast das Gefühl des Willkommenseins zu vermitteln. Dargereichter frischer Minztee und selbst gebackenes Brot, Honig und Öl münden im hausgemachten Amlou.

Amlou ist das afrikanische Gegenstück zur bekannten Erdnussbutter, wird aber durch die Zugabe von handgepresstem Öl zu einem wahren Aromenschatz und kann nicht nur als Brotaufstrich oder süßer Begleiter eingesetzt werden. Wer das zu Hause probieren will, der gibt

250 Gramm Mandeln und 150 Milliliter Rapsöl, 4 Esslöffel Honig sowie etwas Zitronenabrieb in den Mixer und püriert das Ganze. Anschließend das Amlou in ein Weckglas füllen. Darin hält es sich, aufbewahrt an einem kühlen Ort, mindestens 2 Monate.

Bei jedem Gang über die Märkte und die engen Gassen der Souks findet man besonders üppige Auslagen, die einen zum Einkauf einladen. Nase und Augen kommen hierbei kaum zur Ruhe und ergötzen sich an der bunten Vielfalt des Angebotes. Gerne reichen einem die Händler ihre Köstlichkeiten zum Probieren. Es dürfte jedem Genießer schwerfallen, hier zu widerstehen.

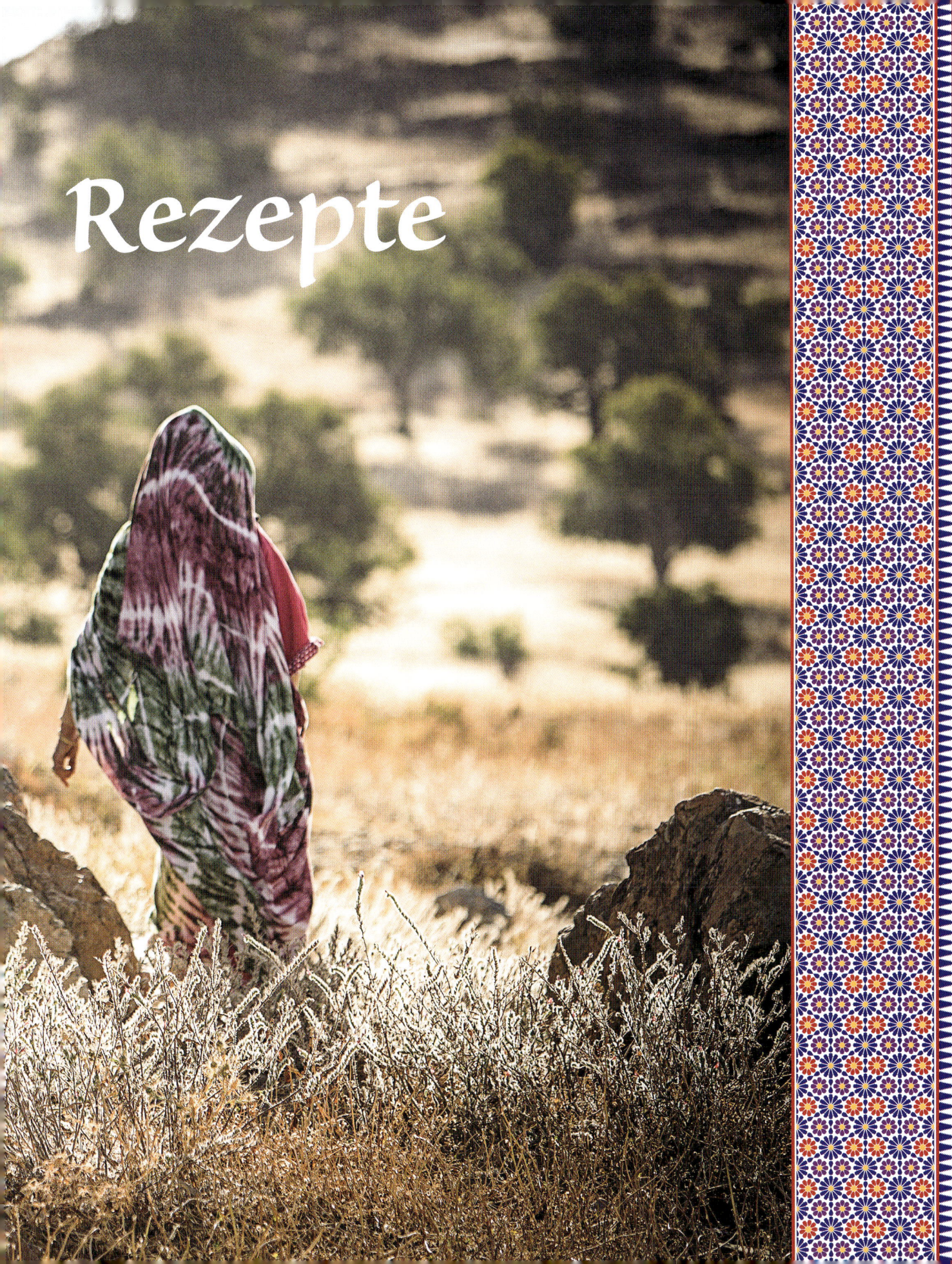

Rezepte

Basisrezept
Eingelegte Zitronen

In Marokko werden diverse Gerichte mit der Schale von eingelegten Zitronen verfeinert. Diese Art der eingelegten Zitronen sind in jedem Fall eine wundervoll aromatische Zutat und auch ein schönes Geschenk für Freunde.

1 Weckglas und Deckel in kochendem Wasser 10 Minuten sterilisieren. Das Weckglas erst kurz vor dem Befüllen aus dem kochenden Wasser nehmen.

2 Zitronen unter warmem Wasser mit einem Tuch kräftig abwaschen.

3 10 Zitronen vom Stielende bis zur Wachstumsseite der Länge nach so einritzen, als wollte man die Zitrone vierteln. Die Hälfte der Zitronen in das Weckglas geben. 1 guten Esslöffel Salz zwischen die Zitronen schichten und die restlichen Zitronen in das Glas geben.

4 Zwischen die einzelnen Zitronen im Glas nochmals 1 guten Esslöffel grobes Salz verteilen. 2 Zitronen auspressen und den Saft in das Weckglas füllen. So viel kochendes Wasser zugeben, bis die Zitronen bedeckt sind.

5 Nun sollten die Zitronen verschlossen ca. 4 Wochen unter regelmäßigem Schütteln (alle 2 bis 4 Tage) ziehen.

6 Zum Kochen nimmt man 1 eingelegte Zitrone aus dem Glas, wäscht diese unter kaltem Wasser gut ab, entfernt mit einem Löffel das Fruchtfleisch und schneidet die Schale in feine Streifen oder würfelt diese je nach anschließender Verwendung.

TIPP Zu den eingelegten Zitronen passen sehr gut als Zugabe ins Glas:
1 frisches Lorbeerblatt
1 TL grüne Kardamomkapseln
1 EL Arganöl

Für den Vorrat

1 großes Weckglas inkl. Verschlussdeckel
12 unbehandelte Zitronen
2 EL grobes Salz

Zubereitungszeit 30 Minuten
plus 4 Wochen Ziehzeit

Basisrezept
Smen – Butterschmalz

In der traditionellen Küche Marokkos wird sehr gerne mit Butterschmalz gekocht. Dieses Butterschmalz (Smen) wird in den Haushalten selbst hergestellt und ist in einem verschlossenen Glas unter Kühlung über Monate haltbar.

1 Die Butter in einem Topf auf niedrigster Temperatur erhitzen. 25–30 Minuten köcheln lassen.

2 Eine Schüssel mit einem Seihtuch (Musselin) auslegen. Die flüssige Butter vorsichtig und langsam durch das Seihtuch (Musselin) filtern. Die abgesetzte Molke entfernen. Man kann Smen pur verwenden oder aromatisieren.

3 Für die aromatisierte Version Thymian und Salz in das Seihtuch geben und langsam nach und nach mit der zerlassenen Butter übergießen.

TIPP Smen bezeichnet das hoch begehrte Speiseöl aus Butterschmalz, welches man gerne erst etwas altern bzw. reifen lässt, um einen stärkeren Eigengeschmack zu erhalten. Verwendet wird Smen zur Zubereitung von Suppen und Tajinen sowie zum Marinieren. Zum Kurzbraten von Gemüse verwendet man am besten 1 Teelöffel Smen und 1 Esslöffel Öl.

Für den Vorrat

500 g Butter
5 EL getrockneter Thymian
5 EL grobes marokkanisches Salz

Zubereitungszeit 35 Minuten

Basisrezept
Schneller Ausbackteig

Der schnelle Ausbackteig ist besonders gut für Fisch geeignet, weil Fischfilet so beim Backen in Fett sehr saftig bleibt. Aber auch Gemüse lässt sich nach Tempura-Art gut in dem mit Sonnenblumenöl verfeinerten Ausbackteig backen.

1 Mehl, Weißwein, Eigelbe, Öl und Salz in eine Schüssel geben und mit dem Schneebesen zu einem glatten Teig vermischen.

2 Das Eiweiß steif schlagen, unterheben, und sofort ist der Teig zur Verarbeitung bereit.

Für 4 Personen

125 g Mehl, gesiebt
125 ml Weißwein
2 Eigelb
1 EL Sonnenblumenöl
1 TL Meersalz
1 Eiweiß

Zubereitungszeit 10 Minuten

TIPP Dem herzhaften Grundteig kann man auch noch fein geschnittene und trockengetupfte Kräuter hinzufügen. Die zugegebene Menge sollte hierbei jedoch 60 Gramm Frischkräuter nicht überschreiten.
Wenn man diesen Teig für Süßspeisen einsetzen möchte, gibt man einfach 70 Gramm Zucker in den Grundteig und verwendet etwas weniger Salz.

TIPP Ausbackteig kann man natürlich auch einfach mit einem Löffel abstechen und solo in tiefem Fett ausbacken. Noch warm gewürzt, schmeckt er wunderbar als Beilage zu Salaten oder Suppen. Angereichert mit frischen Kräutern sind die Bällchen ein gern genommener Snack für Gäste.

Basisrezept Harissa

Harissa ist in der marokkanischen Küche ein absolutes Muss. Die Hauptzutat sind getrocknete Chilischoten und Knoblauch. Koriander und Kreuzkümmel runden die Chilipaste geschmacklich ab.

1 Die Enden der Chilischoten abschneiden und die Schoten entkernen. Chilischoten mit einem scharfen Messer grob durchhacken und anschließend mit heißem Wasser überbrüht 30 Minuten einweichen lassen.

2 Chilischoten anschließend abgießen und mit den Händen gut ausdrücken. Knoblauch abziehen und grob hacken.

3 Koriander, Kreuzkümmel, Minze, gehackte Knoblauchzehen, Rapsöl, Salz, die fein geschnittene Zitronenschale sowie den Zitronensaft zugeben.

4 Alles fein pürieren und in kleine Gläser abfüllen. Die Gläser hierzu vorher in kochendem Wasser 10 Minuten sterilisieren und erst kurz vor dem Befüllen aus dem kochenden Wasser nehmen.

Für den Vorrat

250 g getrocknete Chilischoten
10 Knoblauchzehen
2 EL gemahlener Koriander
2 EL gemahlener Kreuzkümmel
2 EL getrocknete Minze
250 ml Rapsöl
1 TL Meersalz
fein geschnittene Schale von
1 eingelegten Zitrone
Saft von 1 Zitrone

Zubereitungszeit 20 Minuten
plus 30 Minuten Einweichzeit

19

Vorspeisen, Salate und Snacks

Marokkanisches Tomatenconfit

1 Die Tomaten auf der Unterseite über Kreuz einritzen und mit einem Bunsenbrenner oder über der Gasflamme des Herds rundum abbrennen, bis sich die Haut vom Fruchtfleisch löst. Die Haut abziehen, das Kerngehäuse entfernen und anschließend die Tomaten mit einer groben Reibe reiben.

2 Zwiebeln und Knoblauch abziehen und fein würfeln. Zwiebeln, Knoblauch und Ingwer in einem Topf bei mittlerer Hitze 10–15 Minuten im heißen Olivenöl glasieren. Tomatenmark zugeben und unter Rühren mit der Zwiebelschmelze verbinden.

3 Zimtstange, Pfeffer, Safran, Salz, Honig und geriebene Tomaten zugeben und unterheben. Bei mittlerer Hitze ohne Deckel 30–40 Minuten köcheln lassen.

TIPP Dieses Confit reicht man zu Brot und verfeinert Fisch und Fleischgerichte damit. Oder man mischt es mit Fisch oder Fleisch zur Füllung von kleinem frittiertem Fingerfood. Je nach Gusto kann man einen Teil des Tomatenconfits unter Zugabe von etwas selbst gemachter Harissa (Basisrezept siehe Seite 19) zu einem scharfen Begleiter wandeln.

Für 4 Personen

2 kg reife Strauchtomaten
4 Zwiebeln
4 Knoblauchzehen
2 EL frischer Ingwer, fein gewürfelt
5 EL Olivenöl
4 EL Tomatenmark
1 Zimtstange
1 TL schwarzer Pfeffer, frisch gemahlen
1 TL gemahlene Safranfäden
1 TL Meersalz
3 EL Honig

Zubereitungszeit 1 Stunde

Kichererbsen mit Zwiebeln und Koriander

1 Kichererbsen über ein Sieb abgießen und ca. 200 Milliliter des Abgusses in einen Topf füllen. Die Kichererbsen gut mit kaltem Wasser abspülen und im Sieb abtropfen lassen. Zwiebeln abziehen und fein würfeln. Knoblauch abziehen und fein schneiden.

2 Zwiebeln, Knoblauch und Olivenöl zum Kichererbsensud in den Topf geben und bei mittlerer Hitze 20 Minuten leicht weich köcheln lassen. Dann die Kichererbsen zugeben und unter ständigem Rühren bei hoher Hitze weitere 5–7 Minuten mitkochen.

3 Koriandergrün waschen, trockenschwenken und zupfen. Korianderblättchen fein schneiden. Kreuzkümmel, Kurkuma, Pfeffer und Salz zu den Kichererbsen geben. Dann den Topf vom Herd nehmen. Zuletzt das Koriandergrün unter die Kichererbsen heben.

4 Je nach Gusto mit frischen Zitronenspalten, Olivenöl und Brot servieren.

Für 4 Personen

2 Dosen Kichererbsen (400 g)
3 Gemüsezwiebeln
3 Knoblauchzehen
3 EL Olivenöl
2 Bund Koriandergrün
1 TL gemahlener Kreuzkümmel
1 TL Kurkuma
1 TL weißer Pfeffer
1 EL Meersalz

Zubereitungszeit 20 Minuten

Feine frittierte Kartoffelkuchen

1 Kartoffeln waschen und schälen. Kartoffeln grob würfeln und in Wasser gar kochen. Anschließend abgießen und abkühlen lassen.

2 Knoblauch abziehen und fein würfeln. Petersilie und Koriandergrün waschen, trockenschwenken und zupfen. Die Petersilien- und Korianderblättchen grob hacken.

3 Lauwarme Kartoffelwürfel, Knoblauch, Petersilie, Koriander, Olivenöl, Kreuzkümmel, Koriander, Fenchelsamen, Cayennepfeffer, Muskat und Salz zu einer homogenen Masse stampfen. Mit einem Esslöffel kleine Nocken abstechen und diese zu kleinen Kuchen formen.

4 Eine Pfanne 5–7 Millimeter hoch mit Rapsöl füllen und erhitzen. Die Kartoffelkuchen darin von beiden Seiten 3–5 Minuten goldbraun ausbacken.

TIPP Die Kartoffelkuchen sind ein aromatischer Snack und Begleiter von Suppen und Salaten. Mit etwas scharfem Harissa (Basisrezept siehe Seite 19) sind sie ein kleines, aber feines Häppchen zu diversen Getränken.

Für 4 Personen

1 kg Kartoffeln
4 Knoblauchzehen
2 Bund Blattpetersilie
2 Bund Koriandergrün
6 EL Olivenöl
2 TL gemahlener Kreuzkümmel
2 TL gemahlener Koriander
2 TL gemahlene Fenchelsamen
1 TL Cayennepfeffer
1 TL Muskatnuss, frisch gerieben
1 EL Meersalz
Rapsöl zum Braten

Zubereitungszeit 40 Minuten

Kartoffel trifft Krustentier

1 Riesengarnelen waschen, trockentupfen und fein schneiden. Eingelegte Zitrone kalt abwaschen, das Fruchtfleisch herauslöffeln und die Schale in feine Streifen schneiden.

2 Den Teig für die frittierten Kartoffelkuchen zubereiten. Riesengarnelen und Zitronenschale unter die fertige Kartoffelkuchenmasse heben.

Für 4 Personen

300 g frische Riesengarnelen, gepult und entdarmt
1 eingelegte Zitrone
Grundrezept: Kartoffelkuchen (siehe Seite 24)
Rapsöl zum Braten
einige Zitronenspalten

Zubereitungszeit 45 Minuten

3 Mit einem Esslöffel kleine Nocken von der Kartoffel-Garnelen-Masse abstechen und diese mit angefeuchteten Händen zu kleinen Kuchen formen.

4 Eine Pfanne 5–7 Millimeter hoch mit Rapsöl füllen und erhitzen. Die Kartoffelkuchen darin von beiden Seiten 3–5 Minuten goldbraun ausbacken. Zusammen mit einigen frischen Zitronenspalten als Snack reichen.

TIPP Eine schöne Abrundung ergibt sich durch diese Creme: Hierzu 3 Esslöffel Crème fraîche, 1 Esslöffel Zitronensaft, 1 Teelöffel Olivenöl sowie etwas Salz und Chilipulver mit dem Schneebesen aufschlagen und mit Zitronenabrieb oder der Schale von eingelegter Zitrone abrunden. Ein feines Zusatzaroma erlangt diese Creme durch das Unterheben von frisch geschnittenem Koriander.

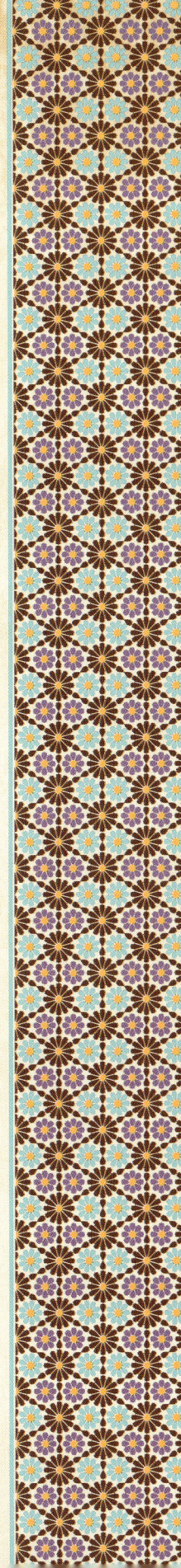

Kräutersalat

1 Frühlingszwiebeln waschen, putzen und fein schneiden. Koriander und Petersilie waschen, trockenschwenken und zupfen. Koriander- und Petersilienblättchen fein schneiden.

2 Rucola waschen, trockenschwenken und fein schneiden. Minze waschen, trockenschwenken und mitsamt den Stängeln fein schneiden.

3 Frühlingszwiebeln, Koriander, Petersilie, Rucola und Minze in eine Schüssel füllen. Mit Zitronenabrieb, Zitronensaft und dem Olivenöl mischen. Kräftig mit Salz und Pfeffer würzen.

4 Vor dem Servieren den Kräutersalat 1 Stunde bei Zimmertemperatur zugedeckt ziehen lassen.

TIPP Ein fein geschnittener Kräutersalat wie dieser passt wunderbar als frische Beilage zu einem Couscous.

Für 4 Personen

1 Bund Frühlingszwiebeln
1 Bund Koriandergrün
1 Bund Blattpetersilie
1 Bund Rucola
1 Bund Minze
abgeriebene Schale und Saft von 5 unbehandelten Zitronen
150 ml Olivenöl
Meersalz
schwarzer Pfeffer, frisch gemahlen

Zubereitungszeit 15 Minuten plus 1 Stunde Marinierzeit

Backofen-Hokkaidokürbis

1 Den Backofen auf 150 °C vorheizen (Umluft 130 °C, Gas Stufe 1). Ein Backblech mit Backpapier auslegen.

2 Kürbis waschen, halbieren und die Kerne mit einem Löffel herauskratzen. Kürbis in Spalten schneiden. Die Kardamomkapseln in einer Pfanne ohne Fett leicht anrösten.

3 Kürbis mit Kardamom, Olivenöl, Orangenabrieb und Orangensaft, Zimt und Salz in eine Schüssel geben und alles mischen. Kürbisspalten auf das Backblech legen und im Backofen 45 Minuten backen.

4 Eingelegte Zitrone kalt abwaschen, das Fruchtfleisch herauslöffeln und die Schale in feine Streifen schneiden. Den noch ofenwarmen Kürbis mit etwas Olivenöl beträufeln und zusammen mit feinen Streifen der eingelegten Zitrone servieren.

Für 4 Personen

1,2 kg Hokkaidokürbis
2 TL grüne Kardamomkapseln
4 EL Olivenöl
abgeriebene Schale und Saft von
5 unbehandelten Orangen
2 TL gemahlener Zimt
2 TL Meersalz
1 eingelegte Zitrone

Zubereitungszeit 1 Stunde

TIPP Der Backofen-Kürbis dient auch als schnelle Basis für ein geschmeidiges Kürbispüree. Hierzu einfach den noch warmen Kürbis mit dem Stabmixer und mit fein gesalzenen Butterstücken und Sahne pürieren. Abgeschmeckt mit einem Hauch von frisch geriebenem Muskat ein echter Gaumenschmaus.

Leichte Gemüsesticks mit Zitronen-Ayran

Für 4 Personen

Für die Gemüsesticks:

2 grüne Zucchini
2 gelbe Zucchini
2 Auberginen
2 rote Zwiebeln
4 Soloknoblauchzehen
Butterschmalz
1 Bund Koriander
1 Bund Blattpetersilie
abgeriebene Schale und Saft von
1 unbehandelten Zitrone
3 EL Rapsöl
Meersalz
schwarzer Pfeffer, frisch gemahlen
gemahlene Chiliflocken
8 Filoteigblätter
Olivenöl

Für den Zitronen-Ayran:

250 ml Ayran
abgeriebene Schale und Saft von
2 unbehandelten Zitronen
1 TL Honig
1 EL Rapsöl
Chilipulver

Zubereitungszeit 25 Minuten

1 Zucchini und Auberginen waschen, putzen und sehr fein würfeln. Die Zwiebeln und den Knoblauch abziehen und klein schneiden.

2 Etwas Butterschmalz in einer Pfanne erhitzen. Zucchini, Auberginen, Zwiebeln und Knoblauch hineingeben, kross ausbacken und direkt zum Abtropfen auf etwas Küchenpapier ausbreiten. Das Gemüse abkühlen lassen.

3 Koriander und Petersilie waschen und trockenschwenken. Die Blättchen abzupfen und sehr fein schneiden. Abgekühltes Gemüse mit Koriander, Petersilie, Zitronenabrieb, Zitronensaft, Öl, etwas Salz, Pfeffer und Chiliflocken mischen. Abschmecken.

4 Filoteigblätter halbieren, jeweils mit einem großen Esslöffel der Gemüsemischung längs im unteren Bereich bestreichen und mit eingeklappten Rändern zu Röllchen drehen. Olivenöl in einer Pfanne erhitzen und die Röllchen darin rundum kross ausbacken.

5 Für den Zitronen-Ayran den Ayran mit Zitronenabrieb und Zitronensaft, Honig, Öl und etwas Chilipulver in ein hohes Rührgefäß füllen. Zitronen-Ayran mit dem Mixstab aufschäumen.

Lamm-Röllchen

1 Das Lammhackfleisch in eine Schüssel geben. Schalotten abziehen und fein schneiden. Knoblauch abziehen und fein schneiden. Schalotten, Knoblauch, Ingwer, Kreuzkümmel, Zimt, Salz, Zucker und 2 EL Olivenöl zum Fleisch geben und alles gründlich vermischen.

2 Etwas Olivenöl in einer Pfanne erhitzen und die Lammhackmischung darin unter Rühren 7 bis 10 Minuten rösten. Zum Abkühlen in eine Schüssel geben.

3 Koriander und Minze waschen und trockenschwenken. Die Blättchen abzupfen und sehr fein schneiden. Koriander und Minze in die Schüssel geben und unterrühren.

4 Filoteigblätter halbieren, jeweils im unteren Bereich mit einem großen Esslöffel der Hackfleischmischung bestreichen und mit eingeklappten Rändern zu Röllchen drehen.

5 Olivenöl in einer Pfanne erhitzen und die Lamm-Rosinen-Röllchen 5 Minuten rundum kross braten. Mit frischem Limettensaft beträufelt servieren.

Für 4 Personen

400 g Lammhackfleisch
2 Schalotten
4 Soloknoblauchzehen
2 EL frischer Ingwer, fein gewürfelt
1 TL gemahlener Kreuzkümmel
1 TL gemahlener Zimt
1 TL Meersalz
1 TL brauner Zucker
2 EL Olivenöl
Olivenöl
1 Bund Koriander
1 Bund Minze
8 Filoteigblätter
Limettensaft, frisch gepresst

Zubereitungszeit 30 Minuten

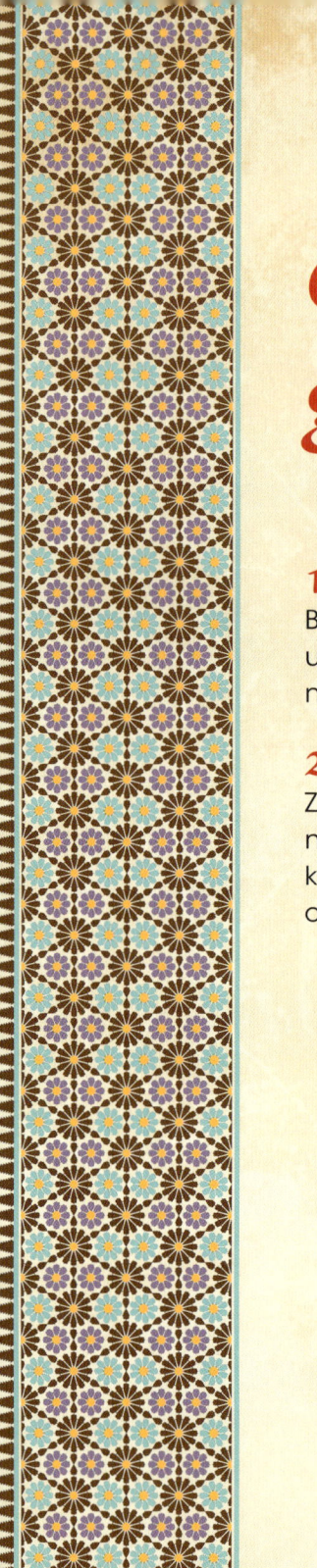

Confit aus getrockneten Feigen

1 Getrocknete Feigen grob würfeln. Birnen und Äpfel waschen, halbieren und das Kerngehäuse entfernen. Birnen und Äpfel grob würfeln.

2 Feigen, Äpfel, Birnen, Kardamom, Zimtstange, Zucker, Zitrusabrieb, Zitronen- und Orangensaft mit 150 Milliliter kaltem Wasser in einem Topf aufkochen.

3 Das Feigenconfit bei niedriger Temperatur unter gelegentlichem Rühren 45 Minuten einkochen lassen. In eine Schüssel füllen und abkühlen lassen.

4 Das Rapsöl unterrühren und das Feigenconfit in Weckgläser füllen. Im Kühlschrank ist es 2–3 Wochen haltbar.

TIPP Dieses Confit passt wunderbar zu Käse und schmeckt ebenso als Brotaufstrich. Man kann auch kurz gebratenes Lammfleisch damit gratinieren.

TIPP Wer die Kombination aus Frucht und Schärfe liebt, der verfeinert das Confit wie folgt: 2 Esslöffel fein gewürfelten Knoblauch, 2 Esslöffel fein gewürfelten frischen Ingwer, 1 Esslöffel fein gewürfelte rote Chilischote mit 3 Esslöffeln Apfelsaft und etwas Salz ca. 5 Minuten einkochen und nach dem Abkühlen unter das Confit geben. Wunderbar zum Gratinieren von Steaks!

Für 4 Personen

200 g getrocknete Feigen
200 g Birnen
200 g Äpfel
1 TL grüne Kardamomkapseln
1 Zimtstange
2 EL Zucker
abgeriebene Schale und Saft von
1 unbehandelten Zitrone und 1 Orange
2 EL Rapsöl

Zubereitungszeit 1 Stunde

Ofentomaten mit Zimt

Für 4 Personen

1,5 kg Strauchtomaten

4 EL brauner Zucker

2 TL gemahlener Zimt

1 TL feines Salz

1 Msp. Safranfäden

4 EL Olivenöl

1 EL Koriandergrün, fein geschnitten

Zubereitungszeit 15 Minuten
plus 3 ½ Stunden Garzeit

1 Den Backofen auf 100 °C vorheizen (Umluft 90 °C, Gas Stufe 1).

2 Tomaten an der Unterseite leicht über Kreuz anschneiden und in kochendes Wasser legen. Herausnehmen und sofort häuten, halbieren und die Kerngehäuse entfernen. Die Tomatenhälften mit der Schnittfläche nach oben auf ein Backblech legen.

3 Zucker, Zimt, Salz und Safranfäden mischen und über die Tomatenhälften streuen. Tomaten mit 2 Esslöffeln Olivenöl beträufeln. Die Tomaten im vorgeheizten Backofen 3½ Stunden garen.

4 Die Tomaten noch einmal mit 2 Esslöffel Olivenöl beträufeln und lauwarm servieren. Die Tomaten mit fein geschnittenem Koriandergrün bestreuen.

TIPP Die Ofentomaten sind eine schöne Vorspeise mit etwas Brot. Sie passen aber auch prima zu Kurzgebratenem und besonders gut zu Gegrilltem.

TIPP Man kann diese Tomaten noch 2 Stunden bei 70 °C im Backofen weitertrocknen und dann auf etwas Pergamentpapier langsam auskühlen lassen. Die Tomaten mischt man einfach unter fertig gegarte Nudeln und verfeinert diese mit frischen Koriander-, Minze- und Basilikumblättchen.

Aromatisch eingelegtes Gemüse

Für 4 Personen

300 g Staudensellerie
300 g Möhren
300 g Salatgurke
300 g Daikon-Rettich
3 rote Zwiebeln
150 g Meersalz
3 eingelegte Zitronen
3 Knoblauchzehen
1 TL geröstete Fenchelsamen
½ TL gemahlener Kreuzkümmel
½ TL Koriandersamen
1 Zimtstange
1 EL brauner Zucker
abgeriebene Schale und Saft von
3 unbehandelten Zitronen
300 ml Apfelessig
3 EL Rapsöl

Zubereitungszeit 20 Minuten
plus 30 Minuten Ziehzeit und
2–3 Stunden Marinierzeit

1 Staudensellerie waschen, putzen und fein schneiden. Möhren waschen und in feine Scheiben schneiden. Gurken schälen und fein schneiden. Rettich schälen und fein schneiden. Zwiebeln abziehen und klein schneiden.

2 Vorbereitete Gemüsesorten in einer Schüssel mit dem Meersalz mischen und 30 Minuten ziehen lassen. Im Anschluss das Gemüse in einem Sieb unter kaltem Wasser abspülen und anschließend auf Küchenpapier gut abtrocknen.

3 Eingelegte Zitronen kalt abwaschen, das Fruchtfleisch herauslöffeln und die Schale in feine Stifte schneiden. Knoblauch abziehen und in ebenfalls feine Stifte schneiden.

4 Zitronenschale, Knoblauch, Fenchelsamen, Kreuzkümmel, Koriandersamen, Zimtstange, brauner Zucker, Zitronenschale, Zitronensaft, Apfelessig sowie das Öl mit dem Gemüse in einer Schüssel gut vermengen. Das Gemüse abgedeckt 2–3 Stunden im Kühlschrank marinieren lassen.

TIPP Man kann dieses Gemüse auch in vorbereiteten Weckgläsern einmachen.

Brokkoli-Blumenkohl-Salat mit Olivenstreifen

1 Reichlich Wasser in einem großen Topf aufkochen. Brokkoli und Blumenkohl kurz ins kochende Wasser geben, herausnehmen und in eiskaltem Wasser abschrecken. Dann die Röschen in eine große Schüssel geben.

2 Oliven in feine Stifte schneiden. Oliven, Ingwer, Kurkuma, Koriander, Salz und Szechuanpfeffer zu den Brokkoli- und Blumenkohlröschen in die Schüssel geben. Alles gut vermengen.

3 Öl, Zitrusabrieb, Zitronen- und Orangensaft dazugeben und den Salat nochmals gut vermengen.

TIPP So wird aus schnödem Kohl ein sommerlicher Gruß für den geschulten Gaumen. Und wenn Sie sich erst einmal mit zusätzlichen Kräutern zur Verfeinerung angefreundet haben, wird dieser Salat zu Ihrem ständigen Partybegleiter!

Für 4 Personen

je 300 g kleine Brokkoli- und Blumenkohlröschen
150 g gemischte Oliven, entsteint
1 TL frischer Ingwer, fein gewürfelt
1 TL Kurkuma
1 TL gemahlener Koriander
1 TL Meersalz
1 TL Szechuanpfeffer
5 EL Olivenöl
abgeriebene Schale und Saft von
1 unbehandelten Zitrone und 1 Orange

Zubereitungszeit 20 Minuten

Geschmorte Kohlstreifen im Apfel-Zitronen-Sud

1 Den Kohlkopf waschen, vierteln und den Strunk herausschneiden. Weißkohl fein schneiden. Zwiebel abziehen und fein schneiden. Knoblauch abziehen und fein würfeln.

2 Butter in einer großen Pfanne oder einem Bräter erhitzen. Kohl, Zwiebeln und Knoblauch darin bei starker Hitze unter Rühren anrösten.

3 Apfelsaft angießen und bei niedriger Hitze 10 Minuten schmoren. Anschließend den Schmorkohl in eine große Schüssel geben.

4 Eingelegte Zitronen kalt abwaschen, das Fruchtfleisch herauslöffeln und die Schale in feine Stifte schneiden. Zitronenschale, Zitronensaft, Apfelsaft, etwas Salz, Pfeffer und Rapsöl zum Schmorkohl geben und gut vermischen.

TIPP Etwas frisch geschnittener Schnittlauch oder Frühlingszwiebeln runden den Salat ab.

Für 4 Personen

1 Weißkohl
1 Gemüsezwiebel
4 Knoblauchzehen
Butter zum Braten
125 ml Apfelsaft
2 eingelegte Zitronen
abgeriebene Schale und Saft von
2 unbehandelten Zitronen
4 EL Apfelsaft
Meersalz
schwarzer Pfeffer, frisch gemahlen
2 EL Rapsöl

Zubereitungszeit 25 Minuten

Kartoffelsalat

Für 4 Personen

800 g festkochende Kartoffeln
1 Bund Blattpetersilie
6 EL Olivenöl
abgeriebene Schale und Saft von
2 unbehandelten Zitronen
1 EL frischer Ingwer, fein gewürfelt
Meersalz
schwarzer Pfeffer, frisch gemahlen
4 EL Mandelstifte
2 EL getrocknete Sauerkirschen

Zubereitungszeit 35 Minuten

1 Kartoffeln waschen und in einen Topf geben. Mit Wasser auffüllen, zum Kochen bringen und gar kochen. Kartoffeln abgießen, pellen und in gleichmäßige Scheiben schneiden.

2 Die lauwarmen Kartoffelscheiben auf einer großen Platte verteilen.

3 Petersilie waschen, trockenschwenken, zupfen und grob schneiden. Petersilienblätter, Öl, Zitronenabrieb und Zitronensaft, Ingwer, etwas Salz und Pfeffer in ein hohes Rührgefäß füllen und mit dem Mixstab fein pürieren.

4 Die Marinade über die lauwarmen Pellkartoffelscheiben träufeln. Mandeln und Sauerkirschen in einer beschichteten Pfanne bei mittlerer Hitze leicht anrösten. Leicht salzen und über dem Kartoffelsalat verteilen.

TIPP Kartoffelsalat wird seit jeher als Beilage zum Grillen serviert – aber mit dieser orientalischen Variation können Sie mit Sicherheit einen Volltreffer beim nächsten Fest landen. Eine schöne Ergänzung bietet hier etwas gegrilltes Brot mit einer Mischung aus Honig, Salz und Zitronensaft beträufelt.

Spinatsalat mit Granatapfelkernen

1 Spinat waschen, trockenschwenken und die Stiele entfernen. Basilikum waschen, trockenschwenken und zupfen. Basilikum- und Spinatblätter in eine flache Schüssel geben.

2 Granatäpfel aufbrechen und die Kerne herauslösen. Granatapfelkerne mit Olivenöl, Apfelsaft, Zitronenabrieb und Zitronensaft, Agavendicksaft, etwas Salz, Pfeffer und Muskat zu einer Marinade vermischen.

3 Den Salat in der Marinade kurz wenden und nach Wunsch mit dünnen Spänen vom Büffel-Parmesan verfeinern.

TIPP Dieser Salat ist auch ein hervorragendes Topping für eine Pizza und passt ebenso gut zu frischer Pasta.

Für 4 Personen

300 g Babyspinat
2 Bund Basilikum
2 Granatäpfel
6 EL Olivenöl
2 EL Apfelsaft
abgeriebene Schale und Saft von
1 unbehandelten Zitrone
1 TL Agavendicksaft
Meersalz
schwarzer Pfeffer, frisch gemahlen
Muskatnuss, frisch gerieben
nach Wunsch Büffel-Parmesan

Zubereitungszeit 15 Minuten

TIPP Junger Spinat zusammen mit dem Liebesapfel, wie der Granatapfel auch genannt wird, regt nicht nur die Geschmacksnerven an. Um dem Ganzen noch etwas mehr Tiefe zu verleihen, kann man 1 Esslöffel fein gestiftete eingelegte Zitrone über den Salat geben. Mit etwas kurz gebratenem Fisch ein wahres Fest für den Gaumen.

Grüner Linsensalat mit Ingwer-Paprika-Salsa

1 Die Linsen in ein Sieb geben, waschen und in einen Topf füllen. Das Lorbeerblatt hinzufügen. Linsen in reichlich Salzwasser 30 Minuten bei mittlerer Hitze bissfest kochen. In ein Sieb abgießen, mit kaltem Wasser abschrecken und in eine große Schüssel umfüllen.

2 Koriander waschen, trockenschwenken und zupfen. Korianderblättchen grob schneiden. Koriander, Himbeeressig, Öl, Honig, etwas Salz und Pfeffer in ein hohes Rührgefäß geben. Mit dem Mixstab pürieren und über die Linsen geben. Gut vermischen und 10 Minuten ziehen lassen.

3 Für die Ingwer-Paprika-Salsa die Paprikaschote waschen und putzen. Knoblauch abziehen. Chilischote halbieren und entkernen. Paprika, Knoblauch und Chili sehr fein schneiden. Ingwer, Zitronenabrieb und Zitronensaft, Öl, etwas Salz, Pfeffer und Zucker zugeben.

4 Alles gut vermischen. Die Ingwer-Paprika-Salsa zusammen mit dem grünen Linsensalat servieren.

Für 4 Personen

Für den grünen Linsensalat:
250 g grüne Linsen
1 Lorbeerblatt
Meersalz
1 Bund Koriander
4 EL Himbeeressig
4 EL Olivenöl
1 TL Honig
schwarzer Pfeffer, frisch gemahlen

Für die Ingwer-Paprika-Salsa:
1 gelbe Paprikaschote
1 Knoblauchzehe
1 rote Chilischote
2 EL frischer Ingwer, fein gewürfelt
abgeriebene Schale und Saft von
1 unbehandelter Zitrone
1 EL Olivenöl
Meersalz
schwarzer Pfeffer, frisch gemahlen
Zucker

Zubereitungszeit 45 Minuten
plus 10 Minuten Ziehzeit

Zitronen-Limetten-Salat mit gebratenem Rucola

1 Zitronen heiß abwaschen, trocknen und die Schale abreiben. Zitronen schälen und achteln. Limetten schälen und achteln. Zwiebeln abziehen und in feine Stifte schneiden.

2 Zitronenabrieb, Zitronen- und Limettenachtel und Zwiebeln mit etwas Salz, Pfeffer und Rapsöl in einer Schüssel gut vermischen und abgedeckt im Kühlschrank 2 Stunden marinieren. Vor dem Servieren 30 Minuten bei Zimmertemperatur vortemperieren.

3 Rucola waschen, trockenschwenken, zupfen und grob schneiden. Knoblauch abziehen und fein würfeln. Olivenöl in einer beschichteten Pfanne erhitzen. Rucola und Knoblauch kurz darin kross anbraten. Mit etwas Salz und Muskat würzen.

4 Den Zitronen-Limetten-Salat auf Tellern verteilen und mit dem gebratenen Rucola dekorieren.

TIPP Diesem Salat kann man auch eine mediterrane Note verleihen, indem man grob gewürfeltes Weißbrot in einer trockenen Pfanne ca. 5 Minuten umseitig anröstet, dieses anschließend mit etwas Öl beträufelt und noch warm unterhebt. Oder man vertieft das orientalische Aroma durch die Zugabe von fein geschnittenen Trockenpflaumen, die man leicht salzt.

Für 4 Personen

10 unbehandelte Zitronen
8 Limetten
4 rote Zwiebeln
Meersalz
schwarzer Pfeffer, frisch gemahlen
2 EL Rapsöl
2 Bund Rucola
2 Knoblauchzehen
Olivenöl
Muskatnuss, frisch gerieben

Zubereitungszeit 20 Minuten
plus 2 ½ Stunden Marinierzeit

Gebratener Spargel mit Erdbeersalsa

1 Spargel waschen, schälen, putzen und in grobe Rauten schneiden. Äpfel waschen, halbieren und das Kerngehäuse entfernen. Äpfel grob würfeln. Zwiebel abziehen und klein schneiden.

2 Etwas Butter in einer sehr heißen Pfanne erhitzen. Spargel, Äpfel, Zwiebel, etwas Räuchersalz und Malabarpfeffer scharf darin anbraten. Spargel mit dem Apfelsaft ablöschen und bei mittlerer Temperatur 10 Minuten einkochen. Mit Muskat würzen.

3 Für die Erdbeersalsa die Erdbeeren waschen, putzen und grob würfeln. Frühlingszwiebeln waschen, putzen und fein schneiden.

4 Malabarpfeffer in einer beschichteten Pfanne bei mittlerer Hitze unter Rühren 10 Minuten rösten. Anschließend noch heiß im Handmörser fein zerstoßen.

5 Erdbeeren, Malabarpfeffer, etwas Olivenöl und Zitronensaft mischen und direkt über den Spargel geben.

TIPP Grobe, geröstete Brotwürfel verwandeln dieses Rezept in einen absoluten Partykracher.

Für 4 Personen

Für den gebratenen Spargel:
500 g weißer Spargel
2 Äpfel
1 weiße Zwiebel
Butter
Räuchersalz
Malabarpfeffer
250 ml naturtrüber Apfelsaft
Muskatnuss, frisch gerieben

Für die Erdbeersalsa:
250 g Erdbeeren
1 Bund Frühlingszwiebeln
1 TL Malabarpfeffer
Olivenöl
Zitronensaft

Zubereitungszeit 40 Minuten

Orangen-Fenchel-Salat mit roten Zwiebeln

1 Orangen mit einem Messer schälen, sodass nichts von der weißen Haut übrig bleibt. Orangen filetieren, den Saft dabei auffangen und direkt zu den Filets in eine Schüssel geben.

2 Fenchel waschen, die äußeren harten Blätter und die Stiele entfernen. Fenchel in feine Stifte schneiden. Fenchel mit heißem Wasser kurz überbrühen und anschließend in Eiswasser abschrecken.

3 Zwiebeln abziehen und in feine Stifte schneiden. Zwiebeln und Fenchel zu den Orangenfilets in die Schüssel geben. Olivenöl, Salz und Pfefferschrot hinzufügen und den Salat gut vermischen.

Für 4 Personen

8 Orangen
1 Fenchelknolle
2 rote Zwiebeln
6 EL Olivenöl
1 TL Meersalz
1 TL Pfefferschrot

Zubereitungszeit 20 Minuten

TIPP Je nach Gusto mit reichlich frisch gezupfter Minze dekorieren.

TIPP Diesen Salat kann man auch noch ganz anders einsetzen: Man belegt einfach eine Lachsseite ohne Haut mit dem fertigen Salat und gart diese im vorgeheizten Backofen bei 200 °C 12 Minuten. Währenddessen eine fruchtige Marinade aus 4 Esslöffel Arganöl, 2 Esslöffel Orangensaft, 1 Esslöffel Agavendicksaft und 1 Teelöffel Salz rühren und vor dem Servieren den noch heißen Lachs damit beträufeln.

Gegrillte Miniauberginen

1 Miniauberginen waschen und halbieren. Eine Grillpfanne mit etwas Olivenöl erhitzen und darin die Miniauberginen 5–7 Minuten kross rösten. Auberginen auf eine große Platte legen.

2 Knoblauch abziehen und fein schneiden. Eingelegte Zitronen kalt abwaschen, abtrocknen, das Fruchtfleisch herauslöffeln und die Schale in sehr feine Streifen schneiden.

3 Knoblauch, Zitronenschale, Ingwer, Harissa, Salz und Honig in die noch heiße Grillpfanne geben und 3–5 Minuten unter Rühren anrösten. Mit Zitronensaft ablöschen. Den Sud über die Miniauberginen träufeln und vor dem Servieren 10 Minuten ziehen lassen.

TIPP Je nach Gusto gibt man noch fein gehackte Blattpetersilie oder Koriander dazu. Als Variation können hier auch Zucchini, Gemüsezwiebeln, Paprika, Fleischtomaten oder ebenso Ananas, Orangen und Mangos auf diese Art und Weise zubereitet werden.

TIPP Eine frische Sommernote verleiht diesem Gericht die folgende Salsa: 200 Gramm fein gewürfelte Erdbeeren, 100 Gramm fein gewürfelte getrocknete Aprikosen, 100 Gramm fein gewürfelte rote Zwiebeln, 50 Gramm fein gewürfelte eingelegte Zitronen sowie etwas Salz und Pfeffer gut vermengen.

Für 4 Personen

10 Miniauberginen
Olivenöl
5 Knoblauchzehen
1 eingelegte Zitrone
1 EL frischer Ingwer, fein gewürfelt
1 TL Harissa
1 TL Meersalz
5 EL Honig
Saft von 2 Zitronen

Zubereitungszeit 30 Minuten

Karamellisierte Knoblauch-Schalotten

1 Die Rosinen heiß abspülen und im Apfelsaft einweichen.

2 Schalotten und Knoblauch abziehen. Schalotten, Knoblauch, Mandeln, Butter, 2 Esslöffel Rapsöl und Honig in einer hohen Pfanne bei mittlerer Hitze 10 Minuten karamellisieren. Knoblauch-Schalotten in eine Schüssel umfüllen und leicht abkühlen lassen.

3 Minze waschen, trockenschwenken und zupfen. Die Minzeblättchen sehr fein schneiden.

4 Rosinen, Zitronenabrieb und Zitronensaft, Zimt, 2 Esslöffel Rapsöl und Minze untermischen. Mit Salz und Pfeffer abschmecken und servieren.

TIPP Wenn Sie sich diese Leckerei auf Vorrat im Weckglas bereithalten, wird jeder kleine Hunger zum Speed-Dinner. Denn ob kalt auf der Käsestulle oder heiß zum Fisch: die karamellisierten Knoblauch-Schalotten sind ein Genuss.

Für 4 Personen

50 g Rosinen
100 ml Apfelsaft
20 Schalotten
20 Knoblauchzehen
150 g blanchierte Mandeln
2 EL fein gesalzene Butter
4 EL Rapsöl
2 EL Honig
1 Bund Minze
abgeriebene Schale und Saft von 2 unbehandelten Zitronen
2 TL gemahlener Zimt
Salz
schwarzer Pfeffer, frisch gemahlen

Zubereitungszeit 20 Minuten

Tomaten-Kräuter-Salat mit eingelegter Zitrone

1 Tomaten waschen und an der Unterseite leicht über Kreuz einschneiden. Dann rundum mit einem Bunsenbrenner oder über der Gasflamme des Herds abflämmen, bis sich die Haut leicht abziehen lässt. Die Tomaten vierteln, den Strunk und die Kerne entfernen. Die Kerne in eine Schüssel geben.

2 Olivenöl, Limettensaft, Honig, etwas Salz und Pfeffer in die Schüssel zu den Tomatenkernen geben und mit einem Schneebesen gut aufschlagen. Anschließend durch ein feines Sieb abseihen. Die Marinade über die Tomaten geben und leicht unterheben.

3 Eingelegte Zitrone kalt abwaschen, das Fruchtfleisch herauslöffeln und die Schale in feine Streifen schneiden. Zwiebeln abziehen und in feine Stifte schneiden. Sellerie waschen, putzen und in feine Stifte schneiden.

Für 4 Personen

600 g Strauchtomaten
6 EL Olivenöl
2 EL Limettensaft
1 TL Honig
Meersalz
schwarzer Pfeffer, frisch gemahlen
1 eingelegte Zitrone
2 rote Zwiebeln
1 Stange Staudensellerie
1 Bund Blattpetersilie
1 Bund Koriander

Zubereitungszeit *30 Minuten*

4 Petersilie und Koriander waschen, trockenschwenken und grob zupfen. Zitronenschale, Zwiebeln, Sellerie, Petersilie und Koriandergrün unter die Tomaten heben und sofort servieren.

TIPP Mit leicht geröstetem Weißbrot und fein gehacktem Knoblauch genießen.

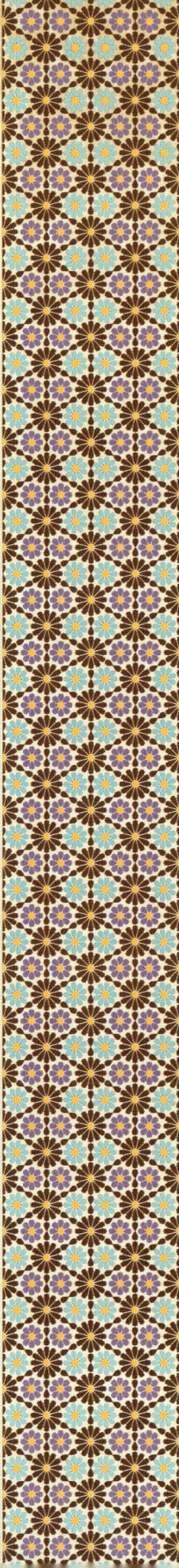

Dattel-Oliven-Salat mit eingelegten Zitronen

1 Datteln entkernen. Oliven mit dem Messerrücken andrücken und die Kerne entfernen. Datteln und Oliven in feine Streifen schneiden.

2 Eingelegte Zitronen kalt abwaschen, das Fruchtfleisch herauslöffeln und die Schale in feine Stifte schneiden. Grapefruits schälen, sodass nichts von der weißen Haut übrig bleibt. Grapefruits filetieren und in eine Schüssel geben.

3 Minze und Petersilie waschen, trockenschwenken und zupfen. Minze- und Petersilienblättchen fein schneiden.

4 Datteln, Oliven, Zitronenschale, Zitronenabrieb, Zitronensaft, Petersilie und Minze zu den Grapefruitfilets in die Schüssel geben. Öl, etwas Salz, Pfeffer und Zimt hinzufügen. Alle Zutaten gut miteinander vermischen und 30 Minuten bei Zimmertemperatur ziehen lassen.

TIPP Den Dattel-Oliven-Salat mit etwas geröstetem Brot servieren.

Für 4 Personen

20 getrocknete Saftdatteln
20 große grüne Oliven
4 eingelegte Zitronen
2 Grapefruits
1 Bund Minze
1 Bund Blattpetersilie
abgeriebene Schale und Saft von
2 unbehandelten Zitronen
3 EL Olivenöl
Meersalz
schwarzer Pfeffer, frisch gemahlen
gemahlener Zimt

Zubereitungszeit 20 Minuten
plus 30 Minuten Marinierzeit

Suppen

Erbsenrahm mit Safran-Croûtons

1 Schalotten abziehen und fein schneiden. Knoblauch abziehen und fein schneiden. Butter in einem Topf erhitzen. Schalotten, Knoblauch und Erbsen darin leicht glasieren.

2 Kalbsfond zugeben und bei mittlerer Hitze 20 Minuten einkochen lassen. Anschließend Sauerrahm, Öl, etwas Salz, Pfeffer und Muskat zugeben und mit dem Mixstab fein pürieren.

3 Für die Safran-Croûtons das Toastbrot entrinden und fein würfeln. Knoblauch abziehen und fein würfeln. Toastbrotwürfel, Knoblauch und Safran in einer beschichteten Pfanne mit ein paar Tropfen Rapsöl goldgelb ausbacken. Zur Suppe servieren.

TIPP Mit dieser Basissuppe können Sie zu kreativen Höhenflügen starten. Z.B. einfach den heißen Erbsenrahm über Fisch- oder Fleischtatar geben oder mit Gemüsestroh garnieren.

Für 4 Personen

Für den Erbsenrahm:

4 Schalotten
4 Knoblauchzehen
2 EL fein gesalzene Butter
400 g TK-Erbsen
800 ml Kalbsfond
200 g Sauerrahm
4 EL Rapsöl
Meersalz
schwarzer Pfeffer, frisch gemahlen
Muskatnuss, frisch gerieben

Für die Safran-Croûtons:

4 Scheiben Toastbrot
2 Knoblauchzehen
1 Msp. Safranfäden
Rapsöl

Zubereitungszeit *30 Minuten*

Knoblauchrahmsuppe

1 Knoblauch und Schalotten abziehen und in feine Stifte schneiden. Sellerie waschen, putzen und klein schneiden. In einem Topf die Butter erhitzen und darin bei mittlerer Hitze Knoblauch, Schalotten und Sellerie glasieren.

2 Gemüsefond und Sahne zugeben und bei mittlerer Hitze 20 Minuten einköcheln. Öl, etwas Salz, Pfeffer und Muskat hinzufügen und die Suppe mit dem Mixstab fein pürieren.

3 Für den frittierten Knoblauch den Knoblauch schälen und in mitteldicke Scheiben schneiden. Butterschmalz in einer Stielsauteuse aufschäumen und die Knoblauchscheiben unter Bewegung langsam ausfrittieren.

4 Den frittierten Knoblauch zum Abtropfen auf ein Sieb geben und noch warm auf Backpapier verteilen. Leicht salzen und mit etwas Rapsöl beträufeln. Den frittierten Knoblauch mit etwas Zucker und dem fein geschnittenen Koriandergrün vermischen.

Für 4 Personen

Für die Knoblauchrahmsuppe:

10 Knoblauchzehen
5 Schalotten
3 Stangen Staudensellerie
1 EL fein gesalzene Butter
800 ml Gemüsefond
400 g Sahne
4 EL Rapsöl
Meersalz
schwarzer Pfeffer, frisch gemahlen
Muskatnuss, frisch gerieben

Für den frittierten Knoblauch:

20 Soloknoblauchzehen
200 g Butterschmalz
Meersalz
Rapsöl
Zucker
Koriandergrün, fein geschnitten

Zubereitungszeit 40 Minuten

TIPP Zur Suppe passen prima frische, fein geschnittene Frühlingszwiebeln.

Schnelle weiße Bohnensuppe

1 Die Bohnen in ein Sieb abgießen und mit kaltem Wasser abspülen. Die Zwiebel abziehen und fein schneiden. Knoblauch abziehen und fein schneiden.

2 Etwas Olivenöl in einem Topf erhitzen und die Bohnen, Zwiebeln und Knoblauch darin kurz glasieren. Die Gemüsebrühe angießen, zum Kochen bringen und bei mittlerer Hitze 30 Minuten einkochen lassen.

3 Die Suppe mit dem Mixstab fein pürieren. Kreuzkümmel, Paprikapulver und Salz zugeben. Einen kräftigen Schuss Öl hinzufügen und nochmals fein pürieren.

TIPP Je nach Geschmack können noch fein gewürfelte und kross geröstete Kartoffelstückchen als Einlage zur Suppe gereicht werden. Dazu einfach festkochende Kartoffeln schälen, sehr fein würfeln und in Butter oder Olivenöl in einer Pfanne anbraten. Kartoffelwürfel salzen und pfeffern und zur Bohnensuppe servieren.

Für 4 Personen

400 g weiße Bohnen aus der Dose
1 Gemüsezwiebel
1 Knoblauchzehe
Olivenöl
1 l Gemüsebrühe
1 TL gemahlener Kreuzkümmel
1 TL rosenscharfes Paprikapulver
1 TL grobes Meersalz
Olivenöl

Zubereitungszeit 45 Minuten

Fenchelbrühe mit rotem Zwiebel-Tatar

1 Für das Zwiebel-Tatar rote Zwiebeln abziehen und sehr fein schneiden. Apfel waschen und das Kerngehäuse entfernen. Apfel sehr fein schneiden.

2 Zwiebeln, Apfel, Zitronenabrieb und Zitronensaft, Olivenöl, Zucker, Salz und Pfeffer in einer Schüssel gut ver-

mischen und abgedeckt 2 Stunden im Kühlschrank marinieren.

3 Für die Brühe Zwiebeln abziehen und in feine Stifte schneiden. Fenchel waschen, die äußeren harten Blätter und die Stiele entfernen. Fenchel samt Fenchelgrün in feine Stifte schneiden. Knoblauch abziehen und ebenfalls in feine Stifte schneiden.

4 Die Gemüsebrühe in einem Topf erhitzen. Zwiebeln, Fenchel und Knoblauch hinzufügen. Die Brühe zum Kochen bringen und bei mittlerer Hitze 30 Minuten kochen. Mit Salz, Pfeffer und Chili würzen.

5 Die Suppe auf Schalen verteilen und jeweils mit 1 bis 2 Esslöffel rotem Zwiebel-Tatar garnieren.

Für 4 Personen

Für das rote Zwiebel-Tatar:

3 rote Zwiebeln
1 Apfel
abgeriebene Schale und Saft von
1 unbehandelten Zitrone
2 EL Olivenöl
1 TL Zucker
Meersalz
schwarzer Pfeffer, frisch gemahlen

Für die Fenchelbrühe:

2 Gemüsezwiebeln
3 Fenchelknollen
3 Knoblauchzehen
1 l Gemüsebrühe
Meersalz
weißer Pfeffer, frisch gemahlen
gemahlene Chiliflocken

Zubereitungszeit 45 Minuten
plus 2 Stunden Marinierzeit

Kalter Gurken-Dill-Shooter

1 Die Gurken waschen, der Länge nach halbieren und mit einem Löffel die Kerne herauskratzen. Gurken in grobe Stücke schneiden. Dill waschen und trockenschwenken. Dillspitzen abzupfen.

2 Gurkenstücke, Dill, Ayran, Olivenöl, Zitronenabrieb und Zitronensaft, Salz, Pfeffer und ein paar Spritzer Tabasco in einem gekühlten Standmixer pürieren.

3 Den Gurken-Dill-Shooter in geeisten kleinen Gläsern oder Schalen mit etwas schwarzem Hawaiisalz servieren.

TIPP Den Gurken-Dill-Shooter können Sie anstatt mit Ayran auch sehr gut mit gekühlter Buttermilch oder mit Kefir herstellen. Dill kann zur Hälfte durch Koriander ersetzt werden.

Für 4 Personen

2 Salatgurken
1 Bund Dill
250 ml Ayran
2 EL Olivenöl
abgeriebene Schale und Saft von 2 unbehandelten Zitronen
Meersalz
weißer Pfeffer, frisch gemahlen
grüner Tabasco
schwarzes Hawaiisalz

Zubereitungszeit 10 Minuten

TIPP Dieser Shooter kann auch als flüssiges Bett für fein geschnittene Lachs- und Apfelwürfel dienen. Diese dann auf einem geeisten Teller servieren und mit frischen Kräutern garnieren – das bietet Auge und Gaumen gleichermaßen einen Ort zum Verweilen. Auch kann man den Shooter mit etwas Mineralwasser verlängert als ein frisches Salatdressing einsetzen.

Kürbissuppe mit Zimt und frischer Minze

1 Kürbis waschen und die Kerne mit einem Löffel herauskratzen. Kürbis-fruchtfleisch grob würfeln.

2 Kürbis, Hühnerbrühe und Kokos-milch in einen Topf geben. Zum Kochen bringen und 25 Minuten bei mittlerer Hitze kochen lassen.

3 Zimt, Zucker, Rapsöl, Minzeblätter, Salz und Pfeffer in die Suppe geben. Anschließend die Kürbissuppe mit dem Mixstab fein pürieren.

TIPP Der orientalische Gewürztief-gang belebt dieses Gericht und schickt den Speisenden schon nach dem ersten Löffel mitten in den Souk nach Marrakesch. Als Einlage kann man kurz gebratenen Wildreis reichen.

Für 4 Personen

1,2 kg Hokkaidokürbis
750 ml Hühnerbrühe
500 ml Kokosmilch
1 TL gemahlener Zimt
1 TL brauner Zucker
2 EL Rapsöl
5 Stängel frische Minze, gezupft
1 EL Meersalz
1 TL weißer Pfeffer, frisch gemahlen

Zubereitungszeit 35 Minuten

Linsensuppe Marrakesch

1 Die Linsen in ein Sieb geben und unter fließendem Wasser abspülen. Linsen und Brühe in einen Topf füllen und den Topf mit einem Deckel verschließen. Linsen aufkochen und bei mittlerer Hitze 30 Minuten kochen.

2 Für die Gemüseeinlage Zwiebel abziehen und fein schneiden. Den Knoblauch abziehen und fein schneiden. Sellerie waschen, putzen und fein würfeln. Karotte schälen und in feine Würfel schneiden.

3 In einer großen Pfanne etwas Butterschmalz erhitzen. Darin Zwiebeln, Knoblauch, Sellerie und Karotten bei mittlerer Hitze anbraten. Den Apfelsaft hinzufügen und 7 Minuten einkochen lassen.

4 Die Linsensuppe mit dem Mixstab fein pürieren. Mit Kreuzkümmel, Salz, Pfefferschrot, Zitronenabrieb und Zitronensaft würzen. Etwas Rapsöl hinzufügen und abschmecken. Vor dem Servieren die Gemüseeinlage unterheben.

TIPP Zum Servieren frisch gezupftes Koriandergrün dazugeben.

Für 4 Personen

300 g rote Linsen
1,5 l Hühnerbrühe
1 Gemüsezwiebel
2 Knoblauchzehen
2 Stangen Staudensellerie
1 Karotte
Butterschmalz
200 ml Apfelsaft
1 EL gemahlener Kreuzkümmel
1 EL Meersalz
1 EL Pfefferschrot
abgeriebene Schale und Saft von
2 unbehandelten Zitronen
Rapsöl

Zubereitungszeit 50 Minuten

Fleisch und Fisch

Ingwer-Garnelen mit geröstetem Sesam

1 Riesengarnelen kalt abspülen und mit Küchenpapier trocknen. Knoblauch abziehen und in feine Würfel schneiden. Garnelen, Knoblauch, Ingwer, Rapsöl, Zitronenabrieb und Zitronensaft in einen Zipperbeutel füllen und gut miteinander vermischen. Über Nacht im Kühlschrank marinieren.

2 Die marinierten Garnelen etwa 1 Stunde vor dem Braten aus dem Kühlschrank nehmen. Butter in einer Pfanne aufschäumen und die marinierten Garnelen darin unter Wenden 7 bis 10 Minuten glasieren. Garnelen mit Salz und Pfeffer würzen und auf eine vorgewärmte Platte geben.

3 Sesam und etwas Meersalz in einer beschichteten Pfanne bei mittlerer Hitze 5 bis 7 Minuten rösten und im Anschluss auf den Garnelen verteilen. Mit etwas frischer Petersilie oder Dill verfeinern.

TIPP Dieses Gericht ist die optima(h)-le Basis für schnelle und saisonale Variationen. Z. B. wenn man diese knackigen Garnelen zusammen mit dem Gurkenshooter (siehe Rezept Seite 64) oder mit einem Orangen-Fenchel-Salat (siehe Rezept Seite 48) serviert.

Für 4 Personen

16 frische Riesengarnelen, gepult und entdarmt
2 Soloknoblauchzehen
2 EL frischer Ingwer, fein gewürfelt
2 EL Rapsöl
abgeriebene Schale und Saft von 1 unbehandelten Zitrone
2 EL fein gesalzene Butter
Meersalz
schwarzer Pfeffer, frisch gemahlen
6 EL heller Sesam
Blattpetersilie oder Dill, gehackt

Zubereitungszeit 20 Minuten plus 12 Stunden Marinierzeit

Schnelles Fischgulasch im Senfschaum

1 Lachs, Skreij und Riesengarnelen kalt abspülen und mit Küchenpapier trocknen. Die Fischstücke fein würfeln. Fisch und Garnelen auf 4 große tiefe Teller verteilen und mit dem Öl mischen. Mit Salz, weißem Pfeffer und Muskat leicht würzen.

Für 4 Personen

300 g Lachs-Loin (ausgelöstes Lachsrückenfilet in Sushi-Qualität)
300 g Skreij (Kabeljaufilet-Art) ohne Haut
4 frische Riesengarnelen, gepult und entdarmt
2 EL Olivenöl
Meersalz
weißer Pfeffer, frisch gemahlen
Muskatnuss, frisch gerieben
1 Gemüsezwiebel
1 Apfel
1 Knoblauchzehe
200 ml Fischfond
100 ml Wermut (z. B. Noilly Prat)
200 g Sahne
3 EL Honigsenf
8 EL steif geschlagene, leicht gesalzene Sahne

Zubereitungszeit 40 Minuten

2 Zwiebel abziehen und klein schneiden. Apfel schälen, halbieren und das Kerngehäuse entfernen. Apfel in feine Würfel schneiden. Knoblauch abziehen und fein würfeln.

3 Zwiebel, Apfel, Knoblauch, Fischfond, Wermut, Sahne und Honigsenf in einem Topf bei mittlerer Hitze aufkochen und 20 Minuten einkochen lassen. Anschließend fein pürieren und mit Salz, Pfeffer und Muskat abschmecken.

4 Die steif geschlagene, leicht gesalzene Sahne unter den Senfschaum heben. Den Senfschaum über dem fein gewürfelten Fisch verteilen.

TIPP Variieren Sie dieses Rezept ganz einfach: Mit 2 Teelöffel fein geschnittenen Kapern abrunden und warme Brotscheiben dazureichen. Oder mit 2 Esslöffel fein geschnittenem frischem Dill und etwas Zitronenabrieb verfeinern. Oder je 2 Esslöffel frische Ingwer- und Knoblauchwürfel in etwas Butter glasieren und untermengen.

Kleine Lachspralinen auf Zuckerschotenstroh

1 Eine große Schüssel kalt stellen. Lachsfilet waschen, trocknen und fein schneiden. Schalotten und Knoblauch abziehen und fein würfeln. Selleriestangen waschen, putzen und fein würfeln.

2 Fein geschnittene Schalotten, Knoblauch und Sellerie in einem Sieb mit kochendem Wasser überbrühen und anschließend in Eiswasser abschrecken. Im Anschluss gut trockentupfen.

3 Lachs und die Gemüsewürfelchen zusammen mit Pankomehl, den Eigelben, Honigsenf, etwas Salz, Pfeffer und Muskat in der kalten, großen Schüssel gut vermischen. Die Hände mit etwas Olivenöl beträufeln und je 1 gehäuften Esslöffel der Fischmasse zu einer kleinen Praline formen.

4 Reichlich Rapsöl in einer Pfanne erhitzen. Die Lachspralinen darin rundum 3 bis 5 Minuten kross ausbacken.

5 Für das Zuckerschotenstroh die Zuckerschoten waschen, putzen und in feine Stifte schneiden. Zwiebel und Knoblauch abziehen und ebenfalls in feine Stifte schneiden.

6 Das Rapsöl in einer Pfanne erhitzen und die Zuckerschoten, Zwiebel und Knoblauch 3 bis 5 Minuten darin anrösten. Mit Salz, Pfeffer und braunem Zucker abschmecken. Zum Anrichten über die Lachspralinen etwas Öl und etwas frischen Zitronensaft träufeln.

Für 4 Personen

Für die Lachspralinen:

800 g Lachsfilet ohne Haut
2 Schalotten
2 Knoblauchzehen
2 Stangen Staudensellerie
100 g Pankomehl
3 Eigelb
1 EL Honigsenf
Meersalz
weißer Pfeffer, frisch gemahlen
Muskatnuss, frisch gerieben
Olivenöl
Rapsöl zum Braten
Zitronensaft

Für das Zuckerschotenstroh:

400 g Zuckerschoten
1 Gemüsezwiebel
1 Knoblauchzehe
Rapsöl zum Braten
Meersalz
schwarzer Pfeffer, frisch gemahlen
brauner Zucker

Zubereitungszeit *40 Minuten*

Red-Snapper-Nuggets mit Pesto

Für 4 Personen

Für die Kartoffelecken:

500 g gekochte kleine Pellkartoffeln

1 EL brauner Zucker

1 TL Meersalz

2 EL frische Thymianblättchen

abgeriebene Schale von
2 unbehandelten Zitronen

Olivenöl

Für das Pesto:

2 Bund gemischte Kräuter (Frankfurter Sauce:
Kerbel, Borretsch, Kresse, Blattpetersilie, Schnittlauch, Dill, Sauerampfer, Pimpinelle)

100 ml Olivenöl

50 ml Apfelsaft

Meersalz

schwarzer Pfeffer, frisch gemahlen

Für die Red-Snapper-Nuggets:

Basisrezept: Schneller Ausbackteig
(siehe Seite 18)

1 TL Safranfäden

abgeriebene Schale von
1 unbehandelten Zitrone

800 g Red-Snapper-Filet ohne Haut

1 l Erdnussöl

Zubereitungszeit 40 Minuten

1 Für die Kartoffelecken den Backofen auf 185 °C (Umluft oder Grill) vorheizen. Ein Backblech mit Backpapier auslegen. Pellkartoffeln vierteln und mit Zucker, Salz, Thymian und Zitronenabrieb in einer Schüssel gut vermengen. Nach und nach mit etwas Öl beträufeln.

2 Die Kartoffeln auf dem Backblech ausbreiten und im Backofen 10 Minuten kross ausbacken.

3 Für das Pesto die Kräuter waschen, trockenschwenken und die Blättchen abzupfen. Kresse und Schnittlauch waschen, trockenschwenken und grob schneiden.

4 Vorbereitete Kräuter mit Olivenöl, Apfelsaft, etwas Salz und Pfeffer in ein hohes Rührgefäß geben und mit dem Mixstab fein pürieren.

5 Für die Red-Snapper-Nuggets den Ausbackteig zubereiten (siehe Seite 18): Mehl, Weißwein, beide Eigelbe, Öl und Salz in eine Schüssel geben und verrühren. Safranfäden und Zitronenabrieb gut unterrühren.

6 Red Snapper waschen, mit Küchenpapier trocknen und in daumendicke Stücke schneiden.

7 Das Erdnussöl in einer Pfanne erhitzen. Die Fischstücke durch den Ausbackteig ziehen und direkt nach dem Abtropfen in dem heißen Erdnussöl goldgelb ausbacken.

8 Red-Snapper-Nuggets zusammen mit den exotisch gebackenen Kartoffelecken servieren und das Pesto darüberträufeln.

9 Damit man dieses Rezept auch bei Partys servieren kann, einfach erst die Kartoffelecken in ein kleines Glas geben, 2 bis 3 Red-Snapper-Nuggets auf einen langen Holzspieß stecken, mit etwas Pesto beträufeln und zusammen als Flying Food servieren.

TIPP Das Pesto für die Red-Snapper-Nuggets kann man ganz leicht variieren. Orientalisch wird es mit je 1 Bund Rucola, Minze, Blattpetersilie, Koriander und Schnittlauch. Hierzu die Kräuter waschen und trockenschwenken. Rucola grob schneiden, Schnittlauch in Röllchen schneiden, Minze und Koriander zupfen. Kräuter mit 6 Esslöffel Öl, Saft und abgeriebener Schale von 2 Zitronen und 2 Orangen, etwas Meersalz und Pfeffer in einem gekühlten Standmixer pürieren.

TIPP Nehmen Sie je nach Geschmack und Verfügbarkeit auch andere Fischstücke für die Nuggets oder mischen Sie sie sogar mit etwas magerem Hühnchenfleisch. Somit bietet sich Ihnen und Ihren Gästen eine große Auswahl an Aromen mit ein und demselben Grundrezept. Wichtig: immer ein paar Zitronen- und Limettenstücke zu den Nuggets reichen.

Jakobsmuscheln in Thymian-Karamell

1 Knoblauch und Schalotte abziehen und in feine Stifte schneiden. In einer Pfanne etwas Butter zum Schäumen bringen. Knoblauch, Schalotten und die Jakobsmuscheln hineingeben und darin von beiden Seiten 5 Minuten anbraten.

2 Jakobsmuscheln herausnehmen und in eine Schale geben. Mit Butter, Knoblauch und Schalotten übergießen.

3 Thymian waschen, trockenschwenken und die Blättchen abzupfen. Thymian, Rapsöl und Ahornsirup in derselben Pfanne bei mittlerer Hitze leicht karamellisieren.

4 Nach 5 Minuten die Jakobsmuscheln zugeben und unter stetem Wenden weitere 3–5 Minuten mit karamellisieren. Mit etwas Salz, Pfeffer und Muskatnuss abrunden.

TIPP Meine Lieblingsmuscheln in Bestform. Ideal auch als Begleiter von Risotto oder zusammen mit Spinatsalat ein schneller Snack.

Für 4 Personen

4 Soloknoblauchzehen
1 Schalotte
fein gesalzene Butter
12 ausgelöste Jakobsmuscheln
1 Bund Thymian
1 EL Rapsöl
1 EL Ahornsirup
Meersalz
schwarzer Pfeffer, frisch gemahlen
Muskatnuss, frisch gerieben

Zubereitungszeit 25 Minuten

Sesamlachs mit Minzspargel-Carpaccio

1 Lachsfilet kalt abspülen und mit Küchenpapier trocknen. Lachsfilet in eine flache Schüssel legen. Rapsöl, Sesam und Orangensaft mischen und den Lachs damit übergießen.

2 Weißwein, Apfelsaft, Zitronengras, Ingwer, etwas Salz und Pfeffer in einen Topf mit Dämpfeinsatz füllen. Den Sud zum Kochen bringen und den Lachs auf den Dämpfeinsatz setzen. Über dem Sud 7 bis 10 Minuten dämpfen.

Für 4 Personen

Für den Sesamlachs:
800 g Lachsfilet ohne Haut
1 EL Rapsöl
3 EL Sesam, geröstet
Saft von 1 Orange
½ l Weißwein
250 ml Apfelsaft
2 Stängel Zitronengras, flach geklopft
3 Scheiben frischer Ingwer
grobes Meersalz
schwarzer Pfeffer, frisch gemahlen
Rapsöl

Für das Minzspargel-Carpaccio:
500 g weißer Spargel
Saft von 4 Limetten
5 Stängel Minze, gezupft
3 EL Rapsöl mit Butteraroma
1 EL Honig
Räuchersalz
Malabarpfeffer

Zubereitungszeit *30 Minuten*

3 Den Lachs im Anschluss mit zwei Gabeln etwas zerzupfen und mit etwas Salz und Öl abschmecken.

4 Für das Minzspargel-Carpaccio den Spargel waschen, schälen und mit dem Sparschäler in feine Streifen schneiden. Limettensaft, Minze, Rapsöl, Honig, etwas Räuchersalz und Malabarpfeffer mischen und den fein geschnittenen Spargel darin marinieren. Spargel abschmecken und zum Servieren auf kleine, tiefe Teller verteilen.

5 Den Sesamlachs üppig über den marinierten Spargel geben und sofort servieren.

TIPP Um diesem Gericht noch eine sommerlichere Note zu verleihen, einfach das Fruchtfleisch von 1 Mango in feine Würfel schneiden und zusammen mit dem Spargel marinieren.

Afrikanisch-vegetarische Bolognese

1 Zucchini und Aubergine waschen und putzen. Zucchini und Aubergine in feine Würfel schneiden. Birne und Apfel waschen, halbieren und jeweils die Kerngehäuse entfernen. Apfel und Birne in feine Würfel schneiden.

2 Gemüsezwiebel, rote Zwiebeln und Knoblauch abziehen und anschließend fein würfeln.

3 Das vorbereitete Gemüse, Zwiebeln und Knoblauch in eine Schüssel füllen. Zitronenabrieb, Zitronensaft, Olivenöl, Tomatensaft, Ingwer, etwas Salz, Pfeffer, Cayennepfeffer und Zimt zugeben. Alle Zutaten vermischen und abgedeckt 2 Stunden ziehen lassen.

4 Die afrikanisch-vegetarische Bolognese z.B. einfach über sehr heiße Nudeln geben und mit etwas gezupftem frischem Majoran verfeinern.

TIPP Eine schmackhafte Alternative zum Klassiker und zusammen mit etwas gebratenem Rucola kommt auch wieder etwas Italien mit auf den Teller. Die Nudeln bitte mit reichlich Parmesanschnee servieren!

Für 4 Personen

1 Zucchini
1 Aubergine
1 Birne
1 Apfel
1 Gemüsezwiebel
2 rote Zwiebeln
2 Soloknoblauchzehen
abgeriebene Schale und Saft von 3 unbehandelten Zitronen
4 EL Olivenöl
6 EL Tomatensaft
1 EL frischer Ingwer, fein gewürfelt
Meersalz
schwarzer Pfeffer, frisch gemahlen
Cayennepfeffer
gemahlener Zimt
z.B. gekochte Nudeln als Beilage
frischer Majoran

Zubereitungszeit 20 Minuten plus 2 Stunden Ziehzeit

Rinderfilet mit karamellisiertem Spargel

1 Den Backofen auf 65 °C vorheizen (Umluft 60 °C). Rosmarin und Thymian waschen und trockenschwenken. Knoblauchzehen mit dem Messerrücken andrücken. Kräuter und Knoblauch auf einem Backblech anhäufen.

Für 4 Personen

Für das Rinderfilet:
2 Bund frischer Rosmarin
1 Bund frischer Thymian
3 Knoblauchzehen
1 pariertes Rinderfilet (ca. 1,2 kg)
Olivenöl

Für den karamellisierten Spargel:
500 g weißer Spargel
3 Knoblauchzehen
2 EL frischer Ingwer, fein gewürfelt
3 EL Ahornsirup
1 TL Räuchersalz
fein gesalzene Butter

Für die Oliventapenade:
100 g schwarze Oliven, entkernt
5 EL Parmesan, fein gerieben
2 EL Olivenöl
1 TL Räuchersalz
Saft von 1 Limette

Zubereitungszeit 40 Minuten
plus 4 Stunden Garzeit

2 Eine Pfanne erhitzen. Das Rinderfilet rundum ohne Fett anbraten. Dann auf das Backblech und auf die Kräuter legen. 10 Minuten ruhen lassen.

3 Das Fleisch mit einem guten Strahl Olivenöl übergießen. Das Rinderfilet bei ca. 65 °C 4 Stunden im Backofen garen.

4 Für den karamellisierten Spargel den Spargel waschen, schälen und in dünne, schräge Scheiben schneiden. Knoblauchzehen abziehen und in feine Scheiben schneiden. Eine Pfanne oder einen Wok sehr stark erhitzen. Spargel, Knoblauch, Ingwer, Ahornsirup, Räuchersalz und etwas Butter in die Pfanne geben und karamellisieren.

5 Für die Tapenade Oliven, Parmesan, Olivenöl, Räuchersalz und Limettensaft in einem hohen Rührbecher fein pürieren.

6 Das Rinderfilet in feine Tranchen schneiden und auf dem karamellisierten Spargel anrichten. Mit einer Nocke der Oliventapenade abrunden.

TIPP Dieses Gericht kann mit Rucola und dünnen Parmesanspänen verfeinert werden. Unbedingt erst auf dem Teller ausgiebig mit frisch gemahlenem Malabarpfeffer würzen.

Zitronen-Entenkeulen mit Schmorquitten

1 Entenkeulen mit kaltem Wasser abspülen und mit Küchenpapier trocknen. Eingelegte Zitronen kalt abwaschen, das Fruchtfleisch herauslöffeln und die Schale in feine Stifte schneiden. Zitronenschale, Zitronensaft und Rapsöl in die Entenkeulen einmassieren. Entenkeulen in einen großen Plastikbeutel geben. Den Beutel verschließen und über Nacht die Entenkeulen marinieren.

2 Quitten waschen, schälen und die Kerngehäuse entfernen. Quitten achteln. Gemüsezwiebeln abziehen und achteln. Einen großen Bräter erhitzen. Quitten, Zwiebeln, Ingwer, Zimtstangen, Kardamom und Honig hineingeben und darin glasieren.

3 Die marinierten Entenkeulen darauflegen, den Weißwein angießen, mit dem Deckel des Bräters verschließen und 30 Minuten bei 225 °C schmoren (Umluft 200 °C, Gas Stufe 4–5). Anschließend unter mehrfachem Wenden die Keulen ohne Deckel weitere 15 Minuten kross weitergaren.

4 Die Zitronen-Entenkeulen vor dem Servieren mit frisch gezupfter Blattpetersilie oder Koriandergrün dekorieren.

Für 4 Personen

Für die Zitronen-Entenkeulen:

4 Entenkeulen
2 eingelegte Zitronen
Saft von 2 Zitronen
3 EL Rapsöl

Für die geschmorten Quitten:

4 Quitten
2 Gemüsezwiebeln
2 EL frischer Ingwer, fein gewürfelt
2 Zimtstangen
2 EL grüne Kardamomkapseln
4 EL Honig
400 ml Weißwein
Blattpetersilie oder Koriandergrün zum Dekorieren

Zubereitungszeit 1 Stunde plus 12 Stunden Marinierzeit

Marinierte Dicke Bohnen

1 Die Kartoffeln waschen, schälen und in Salzwasser gar kochen. Kartoffeln abgießen und in feine Würfel schneiden.

2 Die lauwarmen Kartoffelwürfel in eine Schüssel geben. Olivenöl, 4 Esslöffel Zitronensaft, etwas Salz, Pfeffer und Currypulver zugeben und gut unterheben. Kräftig abschmecken.

3 Dicke Bohnen abgießen. Zwiebeln abziehen und fein würfeln. Staudensellerie waschen, putzen und in feine Stifte schneiden. Dicke Bohnen, Zwiebeln und Staudensellerie unter die lauwarmen Kartoffelwürfel heben.

Für 4 Personen

250 g Kartoffeln
Meersalz
2 EL Olivenöl
6 EL Zitronensaft
schwarzer Pfeffer, frisch gemahlen
Currypulver
600 g Dicke Bohnen aus der Dose
3 Zwiebeln
1 Stange Staudensellerie
2 Bund Minze
2 EL Olivenöl
2 EL Zitronensaft

Zubereitungszeit 30 Minuten

4 Minze waschen, trockenschwenken und zupfen. Minzeblättchen, Olivenöl, Zitronensaft, etwas Salz und Pfeffer in einen hohen Rührbecher geben, mit dem Mixstab fein pürieren und die marinierten Bohnen damit verfeinern.

Flanksteak Chermoula

1 Den Backofen auf 185 °C (Umluft 160 °C, Gas Stufe 2–3) vorheizen.

2 Das Flanksteak mit kaltem Wasser abspülen und mit Küchenpapier trocknen. Eine Pfanne erhitzen und das Steak von beiden Seiten 5 Minuten in der trockenen Pfanne anbraten und anschließend zum Ruhen auf ein Holzbrett legen.

3 Knoblauch abziehen und in feine Würfel schneiden. Eingelegte Zitrone kalt abwaschen, das Fruchtfleisch herauslöffeln und anschließend die Schale in feine Stifte schneiden.

4 Knoblauch, Zitronenschalenstifte, Cayennepfeffer, Kreuzkümmel, Safran, Petersilie, Koriandergrün, Minze, Zitronensaft, Olivenöl und etwas Salz in einer Schüssel gut vermischen und das Flanksteak rundum damit einreiben.

5 Das Flanksteak in eine feuerfeste Form legen und im vorgeheizten Backofen bei 185 °C 12 bis 15 Minuten ausbacken, sodass es innen noch rosa ist.

TIPP In fingerdicke Stücke geschnitten ist das Flanksteak ein Gaumenschmaus zu Couscous sowie Salaten und schmeckt auch einfach mit Brot.

Für 4 Personen

800 g Flanksteak
5 Knoblauchzehen
1 eingelegte Zitrone
1 TL Cayennepfeffer
1 TL gemahlener Kreuzkümmel
1 TL Safranpulver
2 EL Blattpetersilie, grob gehackt
2 EL Koriandergrün, grob gehackt
2 EL Minzeblättchen, grob gehackt
Saft von 1 Zitrone
5 EL geröstetes Olivenöl
Meersalz

Zubereitungszeit 30 Minuten

Kalbsleber auf Schmorzwiebeln

1 Die Kalbsleberscheiben waschen und mit Küchenpapier trocknen, Kalbsleber 2 Stunden in der Milch einlegen. Anschließend herausnehmen und mit Küchenpapier gut abtupfen.

2 Thymian waschen, trockenschwenken und zupfen. Thymianblättchen, Couscous und etwas Salz in einem Teller mischen. Die Kalbsleber darin wenden.

3 Eine beschichtete Pfanne erhitzen. Olivenöl und Butter hineingeben und die Kalbsleber darin von beiden Seiten 5 bis 7 Minuten braten.

4 Für die Schmorzwiebeln Knoblauch und Zwiebeln abziehen und in feine Würfel schneiden. Knoblauch, Zwiebeln, Fenchel, Kreuzkümmel, Olivenöl, Apfelsaft und etwas Salz in einem Topf zum Kochen bringen. Schmorzwiebeln bei mittlerer Hitze 20 Minuten einkochen.

Für 4 Personen

Für die Kalbsleber:
4 Scheiben Kalbsleber (à 400 g)
1 l Milch
4 Zweige Thymian
6 EL Couscous
Meersalz
3 EL Olivenöl
1 EL fein gesalzene Butter

Für die Schmorzwiebeln:
2 Knoblauchzehen
3 Gemüsezwiebeln
1 EL Fenchelsamen
1 TL gemahlener Kreuzkümmel
2 EL Olivenöl
100 ml Apfelsaft
Meersalz

Zubereitungszeit 1 Stunde plus 2 Stunden Ziehzeit

5 Die Schmorzwiebeln auf Tellern verteilen und die Kalbsleberscheiben daraufsetzen.

Backofen-Tafelspitz

1 Einen Bratentopf erhitzen. Die Zwiebel ungeschält halbieren und auf der Schnittfläche trocken bei hoher Hitze kross anbraten.

2 Möhren und Kartoffeln schälen und grob würfeln. Staudensellerie waschen, putzen und grob würfeln. Lauchstange längs aufschneiden und den Lauch gründlich waschen. Anschließend den Lauch in grobe Stücke schneiden.

3 Möhren, Kartoffeln, Staudensellerie, Lauch, Lorbeerblätter, Piment, Szechuanpfeffer, Kardamom, Fenchelsamen, Kreuzkümmel, Zimtstange, die eingelegte Zitrone, etwas Salz mit Rapsöl zur aufgeschnittenen Zwiebel in den Topf geben und kurz glasieren.

4 Tafelspitz kalt waschen, mit Küchenpapier trocknen und zu dem Gemüse in den Topf geben. Mit der Kalbsbrühe auffüllen, den Deckel auflegen und etwa 5 Stunden bei 100 °C (Gas Stufe 1) im Backofen bei Ober-/Unterhitze zart garen lassen.

5 Auf das gegarte Fleisch etwas frisch geriebenen Meerrettich und einen kräftigen Strahl Rapsöl geben.

Für 4 Personen

1 Gemüsezwiebel
3 Möhren
6 Kartoffeln
6 Stangen Staudensellerie
1 Lauchstange
4 frische Lorbeerblätter
1 TL Piment
1 TL Szechuanpfeffer
1 TL grüne Kardamomkapseln
1 TL Fenchelsamen
1 TL gemahlener Kreuzkümmel
1 Zimtstange
1 eingelegte Zitrone
Salz
4 EL Rapsöl
1,5 kg Tafelspitz
2 l Kalbsbrühe
Meerrettich, frisch gerieben
Rapsöl

Zubereitungszeit 20 Minuten
plus 5 Stunden Garzeit

Lammfinger auf Parmesanschaum

Für 4 Personen

12 Lammfinger (Unterrückenfilet, küchenfertig ohne Sehnen)

4 Zweige Rosmarin

4 Soloknoblauchzehen

4 rote Zwiebeln

Olivenöl

200 g Sahne

4 EL Olivenöl

8 EL Parmesan, fein gerieben

Meersalz

schwarzer Pfeffer, frisch gemahlen

Zubereitungszeit 20 Minuten

1 Eine beschichtete Pfanne auf höchster Stufe erhitzen. Die Lammfinger mit kaltem Wasser abspülen, mit Küchenpapier trocknen und auf beiden Seiten 5 bis 7 Minuten in der Pfanne anrösten.

2 Rosmarin waschen und trockenschwenken. Knoblauch abziehen und grob würfeln. Zwiebeln abziehen und in grobe Stücke schneiden.

3 Die Lammfinger aus der Pfanne nehmen und 5 Minuten auf einem Holzbrett ruhen lassen. In der noch heißen Pfanne Rosmarin, Knoblauch und Zwiebeln in etwas Olivenöl kurz glasieren und über den Lammfingern verteilen.

4 Sahne, Olivenöl und Parmesan in der noch heißen Pfanne unter ständigem Rühren 5 Minuten einkochen. Anschließend Lammfinger, Rosmarin, Zwiebeln und Knoblauch wieder zugeben und unter ständigem Wenden 3 bis 5 Minuten mitkochen. Parmesanschaum mit Salz und Pfeffer abschmecken.

5 Einen Spiegel aus Parmesanschaum auf den Tellern verteilen. Lammfinger schräg anschneiden und daraufsetzen.

Hähnchenbruststreifen in Curry-Kokosmilch

1 Hähnchenbrust mit kaltem Wasser abspülen und mit Küchenpapier trocknen. Hähnchenbrust in fingerdicke Streifen schneiden. Eine Pfanne erhitzen und darin die Hähnchenbruststreifen ohne Fett beidseitig 5 Minuten rösten. Anschließend herausnehmen und auf einem Teller ruhen lassen.

2 Äpfel schälen, halbieren und das Kerngehäuse entfernen. Äpfel fein würfeln. Banane schälen und grob würfeln.

3 Schalotte abziehen und in feine Würfel schneiden. Etwas Olivenöl in die noch heiße Pfanne geben, Currypulver hinzufügen und Äpfel, Banane, Schalotte darin glasieren.

4 Kokosmilch zugeben und 3 Minuten einkochen. Den Pfanneninhalt im Standmixer aufschäumen und mit Olivenöl, Salz und Pfeffer abrunden.

5 Die Hähnchenstreifen nochmals in die Pfanne geben und 3 Minuten nachrösten. Mit dem Kokosschaum übergießen und sofort servieren.

Für 4 Personen
1 ausgelöste Hähnchenbrust ohne Haut
2 Boskopäpfel
1 Banane
1 Schalotte
Olivenöl
1 EL Currypulver
1 Dose Kokosmilch
1 EL Olivenöl
Meersalz
schwarzer Pfeffer, frisch gemahlen

Zubereitungszeit 30 Minuten

Süßes

Pochierte Safranbirnen

Für 4 Personen

4 feste Birnen

5 EL Honig

2 EL Rapsöl

abgeriebene Schale und Saft von
3 unbehandelten Zitronen

200 ml Weißwein

1 TL Safranfäden

1 Zimtstange

2 Zweige frischer Thymian

2 Zweige getrockneter Lavendel

Crème fraîche

Zubereitungszeit 40 Minuten

1 Birnen schälen und in einen kleinen Topf geben, in den die Birnen so gerade hineinpassen.

2 Honig, Rapsöl, Zitronenabrieb (etwas Abrieb für die Dekoration zurückhalten), Zitronensaft, Weißwein, Safran, Zimtstange, Thymian und Lavendel in einem zweiten Topf zum Kochen bringen. Die Zitronen-Honig-Mischung über die geschälten Birnen geben.

3 Alles zum Kochen bringen und bei geschlossenem Deckel bei mittlerer Hitze weich köcheln lassen. Anschließend die Birnen im Topf ohne Deckel langsam abkühlen lassen.

4 Die Birnen auf Tellern anrichten und mit etwas angeschlagener Crème fraîche und Zitronenabrieb servieren.

TIPP Wenn man die pochierten Safranbirnen abgekühlt in Fächer schneidet und dann mit etwas Zucker abflämmt, wird aus einem Dessert ein ganz großes Gaumenkino.

Kokos-Crème-Caramel

1 Den Backofen auf 180 °C (Umluft 160 °C, Gas Stufe 2–3) vorheizen.

2 Kokosmilch, Zucker, Rapsöl, Safranfäden und Kardamom in einen Topf geben und zum Kochen bringen. Topfinhalt durch ein Sieb in eine Schüssel abseihen. Masse abkühlen lassen.

3 Nach dem Abkühlen die Eier verquirlen und mit dem Schneebesen unter die Kokosmasse rühren.

4 Für das Karamell den Zucker in einer beschichteten Pfanne schmelzen. 5 Esslöffel heißes Wasser zugeben und unter Rühren zu Karamell verarbeiten. Das Karamell auf vier feuerfeste Förmchen verteilen und mit der vorbereiteten Kokoscreme auffüllen.

5 Die Förmchen auf ein Backblech setzen. Das Backblech etwa 1 Zentimeter hoch mit Wasser füllen. Die Kokos-Crème-Caramel im Backofen bei 180 °C 50 Minuten garen.

TIPP Gut vorzubereiten und mit ein paar frischen Früchten immer auch ein Augenschmaus.

Für 4 Personen

Für die Kokoscreme:
600 ml Kokosmilch
100 g Feinzucker
1 EL Rapsöl
1 TL Safranfäden
1 TL grüne Kardamomkapseln
5 Eier

Für das Karamell:
5 EL Feinzucker

Zubereitungszeit *1 Stunde 10 Minuten*

Mango-Granita

1 Zucker, 50 Milliliter kaltes Wasser und Öl in einen Topf füllen und bei mittlerer Hitze unter ständigem Rühren 7 bis 10 Minuten köcheln lassen, bis sich der Zucker vollständig aufgelöst hat.

2 Lorbeerblatt, Kardamomkapseln und Orangenblütenwasser hinzufügen. Die Mischung vom Herd nehmen und etwa 30 Minuten unter mehrfachem Rühren aromatisieren lassen. Anschließend Lorbeerblatt und Kardamomkapseln herausnehmen.

3 Die Granita-Basis in eine Stahlschüssel füllen und den Mangosaft zugeben. Die Mischung in den Tiefkühlschrank stellen und etwa 2 Stunden anfrieren lassen.

4 Granita mithilfe einer Gabel und mit einem Schneebesen durchrühren. Danach weitere 30 Minuten in den Tiefkühlschrank stellen und anschließend in kleine Portionsgläser gefüllt servieren.

5 Die servierbereite Granita mit ein wenig gezupfter Minze garnieren.

Für 4 Personen

150 g extrafeiner Zucker
1 EL Rapsöl
1 frisches Lorbeerblatt
2 grüne Kardamomkapseln
2 EL Orangenblütenwasser
1 l Mangosaft
frische Minze, gezupft

Zubereitungszeit 40 Minuten
plus 2 Stunden 30 Minuten Kühlzeit

TIPP Anstelle von Mangosaft kann jeder Lieblingsfruchtsaft verwendet werden. Für Gäste eignet sich besonders gut ein Dreierlei von Granitas, das man dekorativ in Gläser schichtet.

WISSEN Granitas nennt man die süßen, meist bunten Eisspeisen. Sie werden immer auf Basis von Wasser, Zucker und Fruchtaromen hergestellt. Granitas kann man problemlos auch ohne Eismaschine zubereiten, weil sie prinzipiell nicht so fein in der Konsistenz sind. Man benötigt lediglich einen Tiefkühlschrank, eine Schüssel sowie eine Gabel und einen Schneebesen.

Rezeptregister

über dieses Buch

1. Auflage

© 2016 by Bassermann Verlag, Originalausgabe Südwest Verlag, einem Unternehmen der Verlagsgruppe Random House GmbH, Neumarkter Str. 28, 81637 München.

Hinweis

Die Ratschläge/Informationen in diesem Buch sind von Autor und Verlag sorgfältig erwogen und geprüft. Dennoch kann eine Garantie nicht übernommen werden. Eine Haftung des Autors bzw. des Verlags und seiner Beauftragten für Personen-, Sach- und Vermögensschäden ist ausgeschlossen.

Bildnachweis

Foodfotografie Peter Rees

Foodstyling Stefan Wiertz für Gusto Group GmbH

Styling Ines Halfmann für Gusto Group GmbH

Fotos Guido Schröder für Gusto Group GmbH: 2, 9, 10, 11, 12, 13, 14, 19, 20, 56, 70, 100

Redaktionsleitung Susanne Kirstein

Projektleitung Eva Wagner, Dr. Margit Roth

Layout, DTP, Gesamtproducing Grafikdesign Hansen – Jan-Dirk Hansen

Redaktion Anja Fleischhauer

Bildredaktion Sabine Kestler

Korrektorat Susanne Langer

Reproduktion Regg Media GmbH, München

Satz dieser Ausgabe Nadine Thiel

Druck und Verarbeitung Mohn media Mohndruck GmbH, Gütersloh

Printed in Germany

Verlagsgruppe Random House FSC®
N001967

ISBN 978-3-8094-3627-0

579089669113